MW00440613

"Crudo, entretenido y a la vena. Definitivamente una lectura obligatoria para todo aquel *networker* que está buscando resultados sostenibles en su compañía"

- Erick Gamio, co-creador de *Patrocinio 3.0*

"Redes de Liderazgo es un libro sólido de Jaime Lokier. Los 14 atributos que presenta son reales y en verdad funcionan. Y Jaime le da a cada uno su visión única para que tú puedas aplicarlos de la mejor manera".

- Randy Gage, autor de *Safe is the New Risky y Mad Genius.*

"Libros de Redes de Mercadeo hay muchos, pero pocos, muy pocos, te hacen sentir que estás teniendo una plática con un amigo que ya ha tenido éxito en esta industria. No es una charla cualquiera, es la "salsa secreta" que los italianos no revelarían de su plato preferido; los atributos que aquí nos comparte, no sólo te hacen mejor en este negocio, sino en tu vida. Gracias Jaime por regalarnos un libro que marcará el camino de muchas personas en Latinoamérica y el mundo"

- Jorge Meléndez, coach, autor de *kNOw how* .

"Estoy seguro que este libro ayudará a mejorar nuestra profesión"

- José López, coach, *networker* profesional.

"Un libro indispensable para todos aquellos que aspiran a la cima del negocio del mercadeo en red. Jaime conoce todos los ángulos de la industria y convierte esta obra en un manual de lectura obligatoria para alcanzar el éxito. ¡Léalo más de una vez!. No se arrepentirá".

- Curro Ávalos, director general de ACN España y Portugal

Redes de Liderazgo

14 atributos detrás del éxito en empresas multinivel

Jaime Lokier

Para Benja, Pauli y Clemen,
de quienes espero ser siempre
el líder que merecen.

CONTENIDO

INTRODUCCIÓN

Tú quieres tener más éxito en las redes de mercadeo (o marketing multinivel, o redes de consumo o ventas apalancadas, que son todas lo mismo). Asumo que es así o no estarías leyendo este libro. Quizás ya tienes un equipo y deseas encontrar las *herramientas* para hacerlo crecer. Quizás eres totalmente nuevo en esta industria y quieres saber el *sistema* para empezar. Quizás se te ha complicado más de lo que esperabas y deseas encontrar las *tácticas* para impulsar tu negocio. En cualquiera de estos casos te tengo una noticia mala y otra buena:

La mala: no vas a encontrar lo que *buscas* en este libro.

La buena: vas encontrar lo que *necesitas*.

Yo sé que la mayoría de la gente busca herramientas, tácticas y sistemas para crecer, pero el verdadero crecimiento no se encuentra en ninguna de esas cosas. Por eso, te pido que olvides todo lo que sabes de las redes de mercadeo y te abras a aprender lo que realmente cambiará tus resultados. No lo olvides para siempre, pero borra tu memoria por un par de semanas, mientras terminas de leer este breve libro. Temporalmente piensa que nunca has escuchado hablar de un sistema, ni de lo importante que es seguirlo al pie de la letra. Si ya llevas tiempo en esta industria del multinivel, olvida que has tomado cientos de entrenamientos y si apenas comienzas tu negocio, olvida lo que has aprendido en otros trabajos para que podamos empezar de cero, página en blanco y pluma en mano a recorrer el verdadero camino del *multinivel en serio*.

¿Eso quiere decir que el sistema que te han enseñado no es serio? ¿Que la manera de hacer el negocio que promueven tus patrocinadores es equivocada? ¡absolutamente no!

Todo lo que te han enseñado es correcto (suponiendo que es un sistema que proviene de alguien que ya ha tenido resultados en tu empresa). Pero a veces -casi siempre- los líderes nos enfocamos en enseñar *cómo* hacer negocio y olvidamos enseñar *quién* hace el negocio. Si te has estancado en algún momento de tu carrera, sabrás que no importa cuántos cursos tomes para aprender a hacer llamadas o cómo presentar tu oportunidad, nada de eso hará que tu negocio vuelva a crecer, porque el verdadero éxito no radica en el cómo, sino en el quién. Si tú te conviertes en la persona correcta, tendrás el negocio correcto. Por el contrario, si no eres la persona correcta, ninguna habilidad alcanzará para lograr tus objetivos.

Piensa esto: si tú y yo estamos en el mismo equipo y usamos el mismo sistema, las mismas herramientas, los mismos guiones, pero tú ganas miles de dólares y yo no gano ni un centavo, ¿cuál es la única diferencia entre tú y yo? ¡exacto! La única diferencia entre tú y yo, **somos tú y yo**. No es el sistema, ni las herramientas, sino la persona que las aplica. Por tanto, debes dedicar mucho más tiempo a desarrollar tu persona que tus habilidades. Las habilidades requeridas para este negocio son muy simples, pero la actitud, ¡la actitud es lo que realmente hace la diferencia al aplicar esas pocas simples habilidades!

Así que, ¿cuál es la actitud correcta para ser un campeón de las redes de mercadeo?

Eso es precisamente lo que veremos en las siguientes páginas. Yo lo aprendí primero de manera intuitiva y después estudiada. Primero en modo "cavernícola", después en modo investigador. Entré sin experiencia y, sin saber cómo lo hice, alcancé en 10 meses el rango más alto de la empresa en mi país. Cuando menos me di cuenta, estaba ganando en un mes lo que antes ganaba en un año. Gracias a las redes de mercadeo, pagué en diez meses la hipoteca de mi casa, que estaba proyectada a quince años.

Así supe que las redes de mercadeo cambian vidas pero no supe cómo. En los siguientes años me volví un estudioso de la industria. Creé temporalmente el blog más visto de

Latinoamérica especializado en marketing multinivel y a través de él entrevisté a decenas de los *networkers* más exitosos del planeta. Tomé cada seminario, cada clase, cada curso y en última instancia me hice consultor de empresas de multinivel. Creé y asesoré varias -unas con éxito, otras no tanto- pero de todas aprendí y al final de todo llegué a la conclusión que ya te conté "los sistemas son simples, la actitud con la que se aplican los sistemas es la que genera los resultados" y desglosé dicha actitud en catorce atributos (esos aún no te los cuento, pero para eso estamos aquí).

Lo importante es que entiendas que los catorce atributos, todos ellos, son parte de una fórmula. Digamos que es una "receta" en la que, si falta un ingrediente, el resultado será distinto al esperado y, pudiendo ser una muy buena receta, lo más probable es que tu versión simplificada del resultado no sea tan buena como esperabas.

Como verás en las siguientes páginas, no hay atajos, no hay descuentos, sólo hay trabajo duro; y cuando hablo de trabajo duro, hablo de confrontarte, zarandearte, retarte y llevarte a ser alguien distinto a quien eres hoy; porque la persona que eres hoy, ya tiene todo lo que puede tener, ya tiene el equipo más grande que puede construir. Pero al convertirte en otra persona, alguien con más liderazgo, con mejor actitud y con mayor fuerza interna, entonces, sólo entonces, podrás construir un mayor y mejor equipo. En otras palabras, tendrás que *ser* más para *tener* más. Ese es un proceso que duele, pero créeme, ¡vale la pena!

...

EL ENTORNO

Cada año se unen a las redes de mercadeo millones de personas. Para ser más exactos, en el 2015 se unieron cerca de 7 millones. Entre ellos se pueden encontrar resultados de todo tipo; están los que nunca ganaron un centavo y tampoco lo intentaron. Están los que sí lo intentaron pero no tuvieron resultados o estos fueron mínimos. También los que lograron ganar un pequeño ingreso extra para sus familias, los que hicieron de este modelo su medio de vida; y finalmente, claro, están aquellos que ganaron fortunas y cambiaron su estilo de vida para bien y para siempre.

Quiero hacer un gran paréntesis con dos aclaraciones muy puntuales:

(1.- En esta estadística no están contabilizadas las pseudo-empresas de multinivel que venden oro, diamantes, cryptomonedas, oraciones de abundancia, pétalos de flores ni ningún otro juego de dinero ilegal disfrazado de red de mercadeo. (Sí amigo lector, todas, TODAS las empresas donde la única forma de ganar dinero es asociando a otros son consideradas fraude y no pertenecen al mundo del multinivel).

2.- Al ser el multinivel un negocio donde siempre hay un producto o servicio que se puede vender con un margen de utilidad, no existe forma de perder dinero. Si alguien argumenta que "perdió dinero", es porque no movió ni un dedo por vender el producto y tampoco lo consumió. De haberlo hecho, habría cambiado su dinero por un producto y a eso se le llama "comprar" no "perder".

En última instancia, si alguien compró para promover un producto en el que no creía y por eso ni lo vendió ni lo utilizó, el que cometió fraude fue él, no su empresa. Por eso no existe la categoría de los que "perdieron dinero", pues todos ellos obtuvieron al menos un producto a cambio.)

Paréntesis cerrado, si hiciéramos un estudio entre la gente de cada uno de esos grupos, veríamos que tienen ciertas actitudes recurrentes. Todos los que menos ganan tienen ciertos rasgos en común. Los que ganan poco, también entre ellos comparten atributos. Y por supuesto, los que más ganan, de la misma manera, tienen características similares, pero como bien dije antes, estas características no son características externas: no hablan igual, ni tienen las mismas habilidades, ni mucho menos hacen negocios de la misma manera. Para darte una idea, los dos que más dinero ganaban en el primer equipo con el que trabajé eran:

- Un señor, explosivo, apasionado, hiperactivo; maestro del escenario y la motivación en público. Para ponerlo en contexto de forma simple, era alguien con la energía de *Tonny Robbins*, pero que hacía todo por intuición, sin ningún estudio que respaldara sus acciones.

- Un técnico en computación, con muy poca presencia en el escenario; gran teórico y estudioso de los métodos pero con poca experiencia e impacto moviendo gente.

¿Qué tenían en común? ¡Aparentemente *nada*! Si uno era *Speedy González*, el otro era *Lento Rodríguez*. Si el segundo era *Dexter*, el primero era su hermana *Dee Dee*. Si uno era *Pinky*, el otro era *Cerebro*. Si uno era... ok, creo que ya se entendió el mensaje: a simple vista eran totalmente diferentes, porque los rasgos que comparten son profundos y están en la forma en que piensan. Habitualmente la gente suele llamarle a esta "forma de pensar" *liderazgo*.

Si llevas más de un mes en tu empresa, seguro escuchaste nombrar al menos un centenar de veces ese tan reiterado término: "hay que desarrollar el liderazgo"."Este es un negocio de liderazgo". "Tienes que ser mejor líder". Aparentemente todo el secreto está en tener más liderazgo, pero y eso ¿qué es? ¿Dónde se compra? ¿Debo ser como Donald Trump o como Obama?¿Como Maduro o como el Dalai Lama? (Qué buena rima me quedó). Todos ellos son "líderes", nadie podría discutirlo, pues el liderazgo es la "capacidad de guiar a un grupo" y todos ellos mueven masas.

El liderazgo es una habilidad, no una característica como ser flaco o calvo. Por lo tanto, al pedirte que seas un "líder" se te está pidiendo algo demasiado amplio y es importante definir *qué tipo de líder necesitas ser* para poder construir una red de mercadeo que cambie tu vida.

Después de una década estudiando esta profesión,

entrevistando líderes con los más altos rangos en sus empresas y cosechando varios éxitos propios, te puedo decir que hay catorce atributos que marcan el tipo de liderazgo que estás buscando. Estos catorce atributos son constantes y aparecen en el 100% de los grandes líderes de multinivel que he entrevistado (sí, dije el 100%, no el 80% ni el 97%). Estos atributos componen la *actitud* de los líderes más exitosos y, como dijimos al inicio de este capítulo, la actitud con la que se aplican los sistemas es la que genera los resultados.

Estos catorce atributos son: claridad, certeza, determinación, intensidad, enfoque, urgencia, profesionalismo, pasión, humildad, conexión, paternidad, positivismo, congruencia y responsabilidad.

Si te parece bien, expliquemos en qué consiste cada uno y cómo desarrollarlo.

1. CLARIDAD

Una vía del tren, un niño entre sus padres. El papá trata de convencerlo de quedarse con él. La mamá trata de convencerlo de irse con ella. El niño duda, no puede moverse en ninguna de las dos direcciones.

Mr. Nobody (2009)

"Sé perfectamente hacia dónde voy y por qué voy hacia allá"

(Tú cuando tienes Claridad)

Hay una cosa que tienen los líderes en común: seguidores. Y hay una cosa que tienen en común todos los seguidores: no les gusta seguir a alguien que no sabe a dónde va. Por eso, el primer atributo que deberás desarrollar es la capacidad de definir lo mejor posible hacia dónde vas y más importante aún, hacia dónde y por dónde llevas a tu equipo.

"Esto parece fácil" -dirás- "es como elegir pasta o pollo cuando te ofrecen opciones en el avión", pero la realidad es que tener claridad es el paso más difícil en el camino del liderazgo. Cuando doy *coaching* privado, siempre divido el proceso en sesiones de una hora. Estas sesiones son siempre mínimo cuatro y máximo ocho para obligarnos a mi cliente y a mí a avanzar y lograr objetivos con un tiempo de finalización establecido.

En ese proceso, a veces los clientes se ponen muy nerviosos al descubrir que pasamos toda la primera sesión y a veces la segunda únicamente definiendo con exactitud qué es lo que quieren lograr. Si no saben con precisión lo que quieren, no puedo ayudarles. Como decía Séneca: "no hay viento que favorezca a un barco que no sabe a qué puerto va".

Este proceso se vuelve cada vez más complicado, pues mientras más opciones tienes, es más difícil elegir el camino a seguir. En la era de nuestros abuelos, tú sabías desde el día en que nacías que de grande serías carpintero como tu papá y que toda la vida la pasarías en el pueblo donde naciste. Sabías que te casarías con alguna de las mujeres de esa misma región y de tu mismo estrato social y con suerte (de la mala), ni siquiera tendrías que ser tú quien la eligiera, pues tus padres harían todo ese trabajo.

Hoy en día, la era de la información se ha convertido también en la era de las opciones. Cuando llega la edad de elegir una carrera (agobio que cada vez comienza más temprano en la vida), te encuentras frente a distintos modelos educativos (universidades, escuelas técnicas, diplomados, certificaciones) en diferentes formatos (online, presencial, semi presencial, de tiempo completo, de tiempo parcial) en prácticamente cualquier país del mundo que decidas elegir.

La cantidad de opciones es abrumadora ¡incluso antes de saber qué quieres estudiar! Esta gran ola de opciones hace sumamente complicado tomar decisiones y ha llenado el mundo de personas que van por la vida indecisas, dejando que la corriente los lleve al puerto que "les toque".

Algunos se frustran y se sienten agobiados al no encontrar su camino; otros no lo piensan mucho y simplemente se resignan a esperar lo que el futuro les depare, pero todos sin excepción se sienten sumamente atraídos al encontrarse con alguien que sabe perfectamente a dónde va, por dónde va y por qué va hacia allá.

A esa claridad del futuro le llamamos: *visión.*

La visión será el primer motivo por el que la gente decidirá seguirte y también -mucho más importante- el motivo por el que tú decidirás seguirte. Verás: es tan fácil iniciar este negocio, que resulta igual de fácil abandonarlo. Esa es la causa por la que tanta gente fracasa. Puedes iniciar con muy buenas intenciones, pero si no tienes una visión que te motive, te rendirás al primer susto que alguien te pegue.

No podría terminar de contar la cantidad de veces que entró

18

en mi equipo alguien con el potencial de cambiar su vida y se rindió la primera vez que su "primo Juancho" le dijo "esos negocios no sirven". Si supieras cuántas veces trabajé con personas de capacidades increíbles que no llegaron a nada porque se rindieron cuando el "primo Juancho" dijo "no me gustó tu producto" o "está muy caro" o "quiero ver todos los certificados de salubridad, el ISO 9000, la carta constitutiva de tu empresa y el acta de matrimonio de su dueño".

El "primo Juancho", ese que siempre tiene algo que decir, ha matado más carreras prometedoras que el populismo y *todos tenemos un "primo Juancho" en la familia*. A veces es realmente nuestro primo, otras tantas es nuestro papá, nuestro mejor amigo, incluso nuestra pareja. No lo hacen con malas intenciones, pero lo hacen y si nosotros no tenemos muy clara nuestra visión (y es una visión que nos impulsa a dar lo mejor de nosotros), la salida más fácil será sacar nuestra banderita blanca y cantar la retirada.

Así que, como habrás visto, esa claridad del futuro a la que llamamos visión cumplirá varios objetivos:

- Será el imán que atraerá otras personas a tu negocio.

- Será tu brújula para no perderte en el camino.

- Será la antorcha que impida que apagues tu negocio cuando haya momentos oscuros.

Y para que realmente funcione, tu visión deberá ser

GRANDE.

¿Qué tan grande?

1. Suficientemente grande como para que no puedas alcanzarla siendo quien eres y te obligue a mejorar.

2. Tan grande como para que te emocione cada vez que pienses en conquistarla y te llene de energía.

3. Grande como para que abarque a todo tu equipo. Si tu visión sólo genera un beneficio para ti, los demás no querrán sumarse.

4. Grande como para que nadie lo pueda lograr solo. Las personas necesitamos ser parte de algo más grande que nosotros mismos y a tu equipo le entusiasmará la idea.

5. Y deberá cumplir con toda esta grandeza, sin dejar de ser un objetivo *alcanzable*. Si en el fondo de tu corazón crees que pusiste un objetivo que no podrás cumplir, en lugar de motivación generarás frustración.

...

Seguro has escuchado hablar de la importancia de tener claro tu sueño y muy posiblemente estés pensando "¡Hey, eso que está diciendo Lokier acerca de la visión es lo mismo que dice mi *upline* acerca del sueño; deben ser lo mismo!".

Pues bien, son lo mismo y no. Tu sueño es sólo una parte de la visión, porque el sueño habla de tus necesidades personales únicamente, pero la visión habla de las necesidades del grupo, y si tú quieres dirigir un grupo, debes tener más que una motivación personal. Claro, el auto de lujo que vas a comprar es una parte importante de tu visión, al igual que las vacaciones que compartirás con tus seres queridos, pero nadie querrá ser parte de tu equipo si esa es la única parte del futuro que tienes clara.

Lo que habrá para ellos, para la sociedad, para el mundo, todo eso es una parte crucial que debes tener a mano cada vez que hables con la gente porque, siendo sinceros, el multinivel tiene la posibilidad de cambiar tu vida, pero también tiene las herramientas para cambiar al mundo y sería un desperdicio que lo omitas.

El multinivel es un sistema más justo para generar dinero basado en tu esfuerzo y no en el estrato social en que naciste. Es un modelo mediante el cual aprendes gratis a hacer negocios de la mano de los mejores (esos mismos que fuera de tu empresa cobran fortunas por compartir lo que saben). Es un modelo que promueve en todos los casos el bienestar, la camaradería, la grandeza. Un modelo que le da a millones de familias algo de dinero extra para salir de deudas o completar el gasto de su familia. Un modelo que ha generado más nuevos millonarios que ningún otro, así que tienes mucho, ¡muchísimo! de donde agarrarte para formar tu visión. Si no la tienes clara es sólo porque no te has dedicado a hacerlo.

Así que te invito en este momento, antes de seguir adelante, a que desarrolles tu visión y logres que sea lo más clara posible, porque recuerda: el atributo del líder no está en generar una visión, sino en la *claridad* que tenga acerca de esta. Si únicamente quieres leer la teoría (lo cual sería un horrible error, pero eres libre de cometerlo) puedes saltarte estas preguntas que te ayudarán a aclarar el panorama. Si decides en cambio tomar acción y aplicar de inmediato lo que aprendes, sólo puedo decir ¡que lo disfrutes!

Toma una hora de tu día para estar en absoluta tranquilidad (lo sé, no siempre es fácil conseguir una hora lejos del trabajo, la pareja, los hijos, el mundo, pero es importante). Responde lo más detalladamente posible las siguientes preguntas:

- ¿Qué rango vas a alcanzar en tu empresa dentro de 5 años y cuál es el ingreso que eso te generará?

- Cuando tú tengas ese ingreso, ¿cuántos y qué rangos habrás desarrollado en tu equipo?

- Cuando eso suceda, describe, lo más detalladamente posible, las cosas que te emocionan:

  - ¿Qué vas a tener?

  - ¿Qué vas a hacer?

  - ¿Qué vas a compartir?

  - ¿Qué vas a mejorar?

- ¿Qué habrá cambiado en la vida de aquellos que decidan ser parte de tu historia?

- ¿Qué hará diferente a tu empresa de todas las demás empresas?

- ¿Qué hará diferente a tu equipo de todos los demás equipos?

- ¿¿Qué van a mejorar en el mundo tu empresa, tu equipo y tú?

Por cierto, en caso de estar haciendo el negocio con tu pareja, te recomiendo ampliamente que cada uno escriba su visión personal, después compártanla y actualicen lo que habían escrito de modo que, además de tener su propia visión, tengan también una visión de pareja. Esto es algo que genera resultados muy poderosos, difíciles de igualar cuando cada uno trabaja únicamente con su visión individual.

...

EL SISTEMA

Otro elemento que jugará un papel fundamental en tu claridad es el sistema que seguirás. Si llevas más de 24 horas en tu empresa, seguramente ya has escuchado que debes seguir un sistema para el éxito, como si fuera una franquicia donde todo se debe hacer de la misma forma y siguiendo el mismo orden. Pero si en lugar de 24 horas llevas 24 días, habrás descubierto que hay demasiadas opciones de sistema para seguir ¿Cuál es el correcto?

Déjame responderte con una anécdota: cierta vez me contrataron para una consultoría con una empresa que tenía mucho éxito en Europa, Asia y Estados Unidos, pero estaba sufriendo en Latinoamérica. Yo debía estudiar el sistema que usaban los líderes exitosos de dichos continentes, adaptarlo y enseñarlo a los líderes latinos.

Lo que la empresa no sabía y yo intuía era que el líder de Asia, el de Estados Unidos y el de Europa tenían sistemas muy diferentes. Funcionaban porque todas las personas de sus equipos pensaban que *ese* que les enseñaban, era el único sistema que había en toda la empresa.

Al estar tan lejos de los otros líderes no sabían que en otras partes del mundo se hacían las cosas diferentes. Y ¿cuál de los 3 sistemas era mejor? ¡ninguno! Todos eran igual de buenos, pero lo que los hacía poderosos era que *toda la gente del mismo país seguía el mismo sistema*. Cada vez que alguien se asociaba le enseñaban los cuatro o cinco pasos que debía seguir para alcanzar el éxito y, al ver que todos a su alrededor aplicaban exactamente los mismos pasos, la gente no se cuestionaba y adquiría un nivel altísimo de *claridad* acerca de lo que se debía hacer.

En Latinoamérica en cambio, en lugar de tener un solo

sistema tenían por lo menos nueve. Cada líder de cada ciudad hacía algo diferente, algunos incluso habían cambiado su sistema cuatro veces en un solo año. Quizás muchos tenían *claridad* en su visión, pero no en el camino que debían seguir.

Cuando la gente no tiene claro el camino, duda; y cuando duda, frena. Por eso es tan importante que tú aprendas y sigas al pie de la letra el sistema que utiliza tu empresa en tu país. Incluso si hay partes que no te gustan o que te incomodan, síguelo y enséñalo de principio a fin, eso permitirá que tu equipo tenga claro lo que debe hacer. Digamos que, en tu mapa al éxito, debes generar la mayor *claridad* posible acerca del destino (la visión), pero también del camino (qué hacer para alcanzar esa visión).

Una vez que tengas claro el destino y el camino, será hora de creer fervientemente en ellos y de eso trata el siguiente atributo.

2. CERTEZA

El paisaje es arenoso y amarillento. Mirándose a los ojos se encuentran Aquiles y Héctor. Los dos entienden que están a punto de batirse a muerte, pero Aquiles sabe que es invencible, que no puede perder. Sus ojos lo demuestran y todos los demás lo sienten.

Troya (2004)

Estoy seguro de que va a pasar. Quizás no sé cómo ni cuándo, pero va a pasar.
Tú cuando tienes Certeza

Imagina esto: un día caminas al lado de un casino y de pronto, en un momento que estás lejos del resto de la gente, se aparece un ángel a tu lado y te susurra al oído: "mañana, en este mismo casino a las 8:00 de la noche, en la mesa ocho va a salir el número ocho". Sorprendido volteas y ves esa imagen transparente, brillante, celestial y preguntas: "¿estás seguro, ángel?", a lo que éste responde: "¡seguro! Dios me mandó a decirte que ésta es tu oportunidad: ocho a las 8:00 en la mesa ocho". ¿Cuánto apostarías?

No importa si te gusta apostar o no, ¡los dos sabemos que apostarías todo! Sacarías todo lo que tienes en el banco, venderías hasta el refrigerador, pedirías prestado a tus familiares, sacarías el dinero de debajo del colchón, romperías el cerdito de tus hijos y lo apostarías todo, porque estarías 100% seguro de que vas a recibir 35 dólares por cada uno que pongas en esa mesa. Esa seguridad con la que haces algo es a lo que llamamos *certeza*.

Y ¿por qué es tan importante la certeza?

Precisamente porque te permite apostarlo todo y en el mundo de los negocios que nos tocó vivir, esa es la única manera de ganar. Verás: en la época de nuestros abuelos, si tú hacías las cosas mal, tus resultados eran malos. Si hacías las cosas bien, tus resultados eran buenos. Si hacías las cosas excelentes, tus resultados eran excelentes.

Pero hoy las cosas han cambiado, porque el mundo se ha vuelto sumamente competitivo e internet ha dado posibilidad de hacer negocios trascendentales a gente que antes nunca te hubiera hecho competencia; de modo que, si haces las cosas mal, tus resultados son cero. Si haces las cosas de manera estándar, tus resultados son cero. Si haces las cosas bien, tus resultados son cero o quizá, con suerte, son mediocres.

Hoy en día, para tener resultados en el mundo de los negocios, tienes que ser excelente y para ser excelente debes apostarlo todo; y para apostarlo todo debes tener la certeza de que vas a ganar. Afortunadamente para ti, la cantidad de gente dispuesta a hacer las cosas excelentes sigue siendo mínima, por eso es muy probable que al hacerlo tú, tus resultados también sean excelentes; tal como le sucedía a nuestros abuelos: esa parte de la fórmula no ha cambiado.

Y ¿qué implica *apostarlo todo*? No te preocupes, no quiero que pienses que tendrás que dejar tu empleo o a tu familia para hacer este negocio en grande. Cuando hablamos de apostarlo todo únicamente nos referimos a *hacer todo lo que tienes que hacer para que esto funcione, lo que te gusta y lo que no, sin parar, hasta alcanzar tu meta;* y, al ser este un negocio muy simple, en cuestión de tiempo eso sólo debería implicarte de diez a catorce horas semanales, si estás iniciando tu negocio; cantidad de tiempo que cualquiera puede conseguir sin descuidar sus otras prioridades.

Sin embargo, en esas diez a catorce horas, habrá momentos en los que no quieras hacer llamadas; y apostarlo todo implica que sí las hagas. Habrá meses en los que no quieras pedir productos para tener muestras y un pequeño stock, pero apostarlo todo implica que sí lo hagas. Habrá eventos a los que no quieras asistir, pero apostarlo todo implica que vayas a todos con buena actitud y con la mayor cantidad de gente posible.

Apostarlo todo es atreverte a hablar de tu negocio con toda la gente que conoces y para eso debes estar seguro de que es el negocio de tu vida. Apostarlo todo es ofrecerle tus productos a todo el que tenga las necesidades que tú puedas cubrir y para eso debes estar seguro de que vas a generarles un beneficio y no un gasto. Apostarlo todo implicará ignorar a las personas que no entiendan y critiquen lo que haces; implicará ver menos TV para leer más libros; implicará ir a dormir más tarde y despertar más temprano. Y para todo eso requerirás saber que tu apuesta es segura.

Entonces, la pregunta obligada sería: ¿Es segura tu apuesta? Lo es; pero quizás aún no lo sabes porque nadie te ha explicado el enfoque correcto para ello. Si para ti un negocio seguro es aquel en el que tendrás la garantía de volverte millonario, entonces no, claro, ¡éste no lo es!, porque ningún negocio legal puede prometerte eso.

A la gente le encanta prometer que te volverás millonario si tan sólo sigues su sistema, pero ese es uno de los peores hábitos que se pueden tener en las redes de mercadeo. Es muy importante que sepas desde un inicio que, como en cualquier negocio, no hay garantías. Es posible que lo logres y es posible que no (lo que sí es seguro es que no vas a volverte millonario si no lo intentas).

En contraparte, si estás promoviendo un producto que realmente te gusta, que pagarías aunque no fueras parte de la red, rodeado de gente con la que te gusta trabajar y tienes la capacidad de valorar todo lo que ganes aún sin volverte millonario, entonces sí, tu apuesta es totalmente segura; porque, verás, cuando lo apuestas todo en este negocio, obtienes varios beneficios colaterales:

-   En primer lugar obtienes todos los beneficios de tu producto (que, como ya dijimos, debe encantarte o de lo contrario estás en el negocio equivocado). Como estás apostando todo, estás usando tu producto diario para demostrar en carne propia sus beneficios y seguramente estás compartiéndolo con tu familia y amigos quienes ahora son más "bonitos" o "saludables" o "felices" gracias al producto que les compartiste... *eso es ganancia*.

- Al ser de los pocos que realmente lo dan todo, te conviertes en un referente que entra en el radar de los grandes líderes de tu organización. A todos los líderes nos encanta detectar y apoyar a esos escasos miembros del equipo que demuestran que están aquí para hacer las cosas en grande.

Lo más probable es que estos líderes de quienes hablo sean gente influyente y con ciertos recursos que los tienen en la posición donde están, lo cual los hace un contacto muy valioso para ti. Nunca sabes cuándo un contacto así te puede cambiar la vida. A mí, por ejemplo, hay cientos de líderes que me cambiaron la vida.

Uno de ellos, Randy Gage, jamás hubiera convivido con un "don nadie" como yo, pero entré en su radar al ser parte de su equipo y ser de los que pusieron toda la "carne en el asador" y decidieron hacer las cosas en serio.

Un día decidí que quería escribir libros y dar conferencias como él y, al ser uno de mis nuevos amigos, me dio una asesoría casi gratuita que me ayudó a llegar a este punto en el que tú tienes mi libro en tus manos. Lo que tal vez no sabes, si eres nuevo en la industria, es que Randy Gage es una leyenda, autor de doce *best sellers*; que cobra $3,000usd por enseñarle a la gente lo que a mí me costó invitarle una carne asada. Si apuestas todo harás grandes amigos y generarás excelentes contactos… *eso es ganancia*.

- En el proceso también tendrás que capacitarte mucho. Una de las labores más importantes que hacemos en las redes de mercadeo es entrenar a las personas para ser emprendedores exitosos. Le enseñamos a la gente a manejar su tiempo, su dinero; a pensar en grande, a desarrollar sus habilidades, a creer en ellos mismos. Como vas a darlo todo, estarás en todos esos entrenamientos, leerás todos esos libros y prepararás tu mente para el éxito. Esas habilidades serán tuyas para siempre y *eso es ganancia*.

- Por último, como estarás apostando todo y haciendo todas las acciones correctas, deberás tener algún tipo de ingreso. Todas las empresas serias ofrecen múltiples formas de generar dinero, empezando por la venta de un buen producto en el que crees (porque, si mal no recuerdo, ya establecimos claramente que, para hacer este negocio, debes tener un gran producto en el que crees), así que deberás estar generando algo de ingresos, incluso cuando no te hagas millonario.

Para ponerlo en perspectiva: unos socios y yo pusimos un negocio hace varios años; yo puse el trabajo y un poco de dinero, ellos pusieron la mayoría del capital. El monto invertido no fueron unos cuantos cientos de dólares, como suele suceder en la mayoría de las empresas de multinivel. En total se invirtieron más de $200,000USD. Y como los negocios tradicionales tardan en madurar, cada mes se perdían alrededor de $4,000USD adicionales hasta que se logró el punto de equilibrio un año y medio después.

Tras cinco años de operar, la empresa quebró y perdió varios cientos de miles de dólares. El socio capitalista, quien perdió la mayoría del dinero, me dijo un día: "¿sabes algo, Jaime? fue muy doloroso, pero siento que no perdí nada. Dejé todo mi corazón ahí adentro y, como hicimos las cosas tan bien, la cantidad de contactos, de aprendizaje y de renombre que gané fueron invaluables".

¡Qué gran lección de uno de los empresarios más importantes de México! Entendía que todo lo ganado valía los más de doscientos mil dólares *invertidos* (no gastados).

Y tú, tú que estás leyendo esto, si haces las cosas bien, nunca invertirás demasiado, porque el 100% de tu inversión será en producto que consumirás o revenderás (lo cual no es una pérdida) y en entrenamientos para el éxito que te dejarán lecciones para toda la vida (que nunca son una pérdida). Si en ese camino en lugar de hacerte millonario sólo estás ganando $800 dólares al mes o $500 o incluso $100, es mucho más que las pérdidas que te dejaría mensualmente un negocio tradicional.

Y no conozco a nadie que realmente apueste todo, haga todo lo que debe hacer y no gane al menos unos cientos de dólares mensuales mientras logra que su negocio despegue. Lo que sí conozco es gente que *cree* estar haciendo todo lo correcto o *cree* estar apostando todo sin realmente hacerlo.

Por eso es tan importante que preguntes a tu patrocinador cuál es el sistema que debes seguir y cuáles son las actividades productivas que deberías hacer todos los días o todas las semanas para obtener resultados. Averigua qué herramientas tienes, cómo se usan, y pon manos a la obra.

Una de las certezas más importantes que deberás transmitir (y tener) es la certeza en tu equipo. Si cada miembro del equipo hace cosas diferentes, las siguientes generaciones pensarán que ninguno sabe lo que hace. Si todos en cambio siguen el mismo sistema, el equipo podrá confiar ciegamente en que ese es *el sistema* y lo seguirá sin dudar.

Recuerda: *no existe el sistema perfecto. La perfección se encuentra en que todos sigan el mismo sistema*, porque eso impacta en la certeza del equipo. En caso de que tu empresa no tenga un sistema claro que todos sigan, puedes consultar el que yo utilizo, descargando las audio guías gratuitas que se encuentran en: www.jaimelokier.com/redesdeliderazgo

Así que, regresando a la pregunta anterior, ¿apostar al multinivel es seguro? Si crees en tu producto y entiendes el poder de las ganancias colaterales, sí, ¡lo es! El riesgo es mínimo, casi siempre nulo y el potencial de ingreso es enorme. Esto debería ser suficiente para que tengas la certeza necesaria en la construcción de tu negocio, pero, de no serlo, es importante que trabajes en ella, porque la certeza es uno de los atributos más importantes de un líder dentro o fuera del multinivel.

...

Hay 4 áreas en las que necesitarás desarrollar tu certeza para poder dirigir a un equipo:

- Certeza en la industria de las redes de mercadeo
- Certeza en tu empresa

- Certeza en tu producto
- Certeza en ti

Obviamente no podría hablar de tu empresa o tu producto porque no sé con quién trabajas, pero puedo hablar de la industria y quiero hablar de ti.

En cuanto a la industria, si aún no estás muy seguro de que sea una opción sólida, respetable y con mucho potencial, aquí te dejo algunos datos que te pueden ayudar:

- Las empresas de venta directa, entre las cuales la mayoría utilizan el sistema de redes de mercadeo, facturan hoy, mientras escribo este libro, $182,000 millones de dólares de acuerdo a la Federación Mundial de Venta Directa. Eso es casi cinco veces más que todo el dinero recaudado por *todos los cines del mundo*.[1]

- Hay 107 millones de personas dedicadas a este modelo de negocio en el planeta porque ofrece beneficios muy particulares, como la posibilidad de tener clientes en varios países sin cargar con todos los costos operativos que eso implicaría, o construir equipos de trabajo en los que puedan todos apalancarse del trabajo del resto, sin dejar de ser empresarios independientes, libres de decidir cuándo y con quien trabajan.

- Muchos de los conceptos que hoy han puesto tan de moda empresas como Uber (la empresa de transporte terrestre más grande del mundo sin poseer ni un solo auto propio) o Airbnb (la empresa que más habitaciones alquila sin poseer ni un solo hotel) son valores que las redes de mercadeo vienen promoviendo desde hace décadas. Ideas como emprender con poco riesgo, eliminar intermediarios y devolver el ingreso a la gente en lugar de a las grandes cadenas se hacen cada vez más populares, pero las redes de mercadeo lo han aplicado desde sus inicios, son valores inherentes a su

---

[1] Fuentes: www.wfdsa.org y www.statista.com

actividad y por eso es una industria que ha crecido sin parar desde hace diez años, a pesar de todas las recesiones y cambios que ha vivido el mundo.

Para mí toda esta información es clara muestra de estar en la industria correcta. Si para ti no es suficiente, investiga más, busca información, aclara tus dudas, haz lo que tengas que hacer hasta estar convencido, porque sin esa certeza será imposible construir un negocio serio. Y haz lo mismo con tu empresa y con tu producto: cree en ellos o de lo contrario estarás engañando a aquellos a quienes se los recomiendes. Como siempre digo: "Si tu empresa no tiene un producto, está cometiendo un fraude. Si tiene un producto pero no crees en él, el fraude lo estás cometiendo *tú*".

Una vez que estés convencido de tu industria, tu empresa y tu producto, tendrás que dar el paso más importante: creer en ti. A veces nos cuesta dar ese salto de fe porque alguien en nuestro pasado nos dijo que "no podíamos", que "no éramos suficientemente buenos", que "no sabíamos lo que hacíamos" y lo creímos.

Otras veces no creemos ser capaces de lograrlo porque sentimos que necesitamos desarrollar más habilidades de las que tenemos, pero déjame decirte algo: una de las grandes ventajas de las redes de mercadeo es que no se requieren demasiadas habilidades y las pocas que se requieren pueden ser desarrolladas por cualquiera en muy poco tiempo. Yo sé que ya lo mencioné, pero déjame repetirlo: lo que hace la diferencia entre los grandes éxitos de esta industria y todos los demás, no está en las habilidades, sino en la postura con que se aplican dichas habilidades.

Que tú estés leyendo este libro ya te pone por encima del 95% de la gente que dice querer hacer un negocio pero nunca hace nada para entenderlo y hacerlo crecer. Tú ya eres del 5% de la gente que hace algo al respecto y eso habla mucho de tu actitud. Lo único que necesitas es recordar todos los días que tienes todo lo necesario para hacer cosas grandes; por eso te sugiero que dediques al menos quince minutos diarios a leer libros que refuercen tu conocimiento y tu motivación. Si no tienes tiempo para leer, escucha audios, seguramente tu empresa tiene una lista de recomendaciones al respecto.

Yo, por ejemplo, tengo una enorme confianza en mí mismo; ¡realmente enorme! y no es por presumir. Mi *mantra* de vida es: *"puedo estar equivocado, pero inseguro ¡jamás!"*. Sin embargo, esto no siempre fue así; cuando era joven era muy inseguro. Me costaba trabajo hablar con las mujeres, no me atrevía a bailar o cantar en público, me encantaba pasar desapercibido y mi actividad favorita era ir al cine a la función de las 11:00AM para asegurar que estuviera vacío. Convivir con gente nueva era un verdadero desafío y todo eso era únicamente una enorme falta de confianza en mí mismo.

Ah, eso sí, cuando alguien hablaba de libros acerca de "autoayuda" o "desarrollo personal", me burlaba de ellos: "pobres subdesarrollados" les decía. Y es que ¿a quién se le ocurre ponerle ese título a una sección de libros? Nadie quiere sentir que le falta desarrollo o que necesita ayuda. Pero hoy, que esos mismos libros cambiaron la forma en que veo el mundo y, por lo tanto, mi postura y mis resultados, creo que todo mundo debería leerlos (y los crueles bibliotecarios deberían cambiar el nombre de la sección a "Libros de Grandeza"… pero bueno, esa es otra historia).

Tú necesitas creer en ti, aunque otros no lo hagan. Necesitas creer en ti cuando las cosas salgan bien pero también –sobre todo- cuando las cosas salgan mal. ¡Necesitas creer en ti!; tanto que no le dejes más opción al resto que hacerlo también. Para mantener este nivel de creencia necesitarás alimentar tu mente con libros y audios que te empoderen y te llenen de certeza; esa certeza que te permitirá apostarlo todo, para poder ganarlo todo.

¿Estamos de acuerdo? Déjame entonces ayudarte a analizar tu nivel de certeza. Recuerda que éste es uno de los tres atributos más importantes de un líder, por eso están al inicio del libro. Si detectas que estás "bajo" en alguno de tus niveles de certeza, trabájalo cuanto antes; de esa forma el resto de los atributos fluirán como *río desbocado*.

Califica del 1 al 10 las siguientes afirmaciones, siendo 1 "nada convencido" y 10 "totalmente convencido". Responde sinceramente.

-   ¿Qué tan convencido estás de que las redes de mercadeo son una industria sólida y respetable y una de las mejores formas de ganarse la vida?

-   ¿Qué tan convencido estás de que la empresa que representas es la mejor opción de la industria y que vale la pena darla a conocer a todo el mundo?

-   ¿Qué tan convencido estás de que el producto que promueves es excelente y sus beneficios mejoran drásticamente la calidad de vida de las personas?

-   Y lo más importante: ¿Qué tan convencido estás de que tú vas a hacer este negocio en grande?

3. DETERMINACIÓN

Decidió ser abogada. Sus maestros decían que no podría.
Sus compañeros decían que no podría. Le pusieron trabas,
le generaron dudas, la humillaron y trataron de sabotearla,
pero ella había tomado una decisión: Sería una gran
abogada, muy rosa y con un Chihuaha.

Legalmente Rubia (2001)

Haz, o no hagas. No hay tratar
Yoda

Haré lo que tenga que hacer por
el tiempo que tenga que hacerlo hasta lograr
lo que quiero lograr.
Tú cuando tienes Determinación

Llevaba dos meses de haber iniciado mi negocio en redes de mercadeo y los resultados eran casi nulos. Todas las noches me cuestionaba si debía seguir intentándolo o era momento de abandonar. Una noche, muerto de cansancio después de haber trabajado doce horas en mi empleo tradicional y dos más en mi nuevo negocio de redes (más las clásicas tres horas que se pierden en el tráfico de la Ciudad de México), me senté al borde de la cama, me tomé la cabeza viendo al suelo y me desmoroné. No creo que me hayan quebrado los dos meses de trabajo sin resultados, sino el pensar que debía volver a mi antigua situación desesperada de empleado sin sueños.

Creo que, de niños, todos tenemos grandes sueños y el mundo nos orilla a olvidarlos. Cuando entras en un negocio como éste, donde te invitan a volver a soñar, la vida recobra un color emocionante que te lleva a levantarte más temprano y con más energía; trabajas sin parar pensando en tu objetivo y te vas a dormir cada noche cansado, pero feliz.

Cuando finalmente se me pasó por la mente la idea de volver a perder esos sueños y regresar a la vida del oficinista gris, las lágrimas asomaban por mis ojos. Y justo ahí, en el punto más álgido de mi desesperación, ocurrió algo mágico: *decidí hacerlo ¡en grande!* Antes lo estaba intentando, pero ahora lo había decidido. De igual manera podría haber decidido abandonar, pero mi sueño era demasiado poderoso y no estaba dispuesto a perderlo. A estas alturas ya me había dado cuenta de que "intentarlo" es el estado más doloroso en el que uno puede trabajar, porque si estás trabajando, sabes que estás invirtiendo tiempo y dinero, pero no con la entrega suficiente para alcanzar el éxito.

Podríamos decir que, cuando no entregas nada, no hay victoria, pero tampoco dolor. Cuando entregas "sólo un poco" o "lo intentas", estás dando de ti, pero no lo suficiente y es ahí cuando se genera la angustia, el miedo a la pérdida y el sufrimiento (esto sucede en los negocios, y también sucede en todo lo que hagas: si tú "medio educas" a tus hijos, vas a obtener unos completos maleducados y vas a sufrir preguntándote "¿¡por qué pasó esto, si yo sí los eduqué!?"). Cuando lo entregas todo en un proyecto, logras resultados y con ellos viene el delicioso sabor de la victoria.

Así que decidí "lanzarme al agua con todo y zapatos". Haría lo que tuviera que hacer, sin dudar, sin cuestionar, sin quejarme y vería qué ocurría en doce meses. Diez meses después alcancé el rango más alto de mi país, comencé a viajar por el mundo, compré el auto de mis sueños y logré cumplir una parte importante de mis anhelos de infancia: ir a un mundial de fútbol. Ese momento decisivo me cambió la vida y es precisamente el momento que necesitan todos los grandes líderes para alcanzar la cima.

…

Como ya habrás intuido, los dos primeros atributos son una condición necesaria para que se pueda dar la *determinación*.

—

- Necesito tener claridad; saber perfectamente lo que quiero lograr para estar determinado a conseguirlo. No puedo estar decidido a lograr algo que no sé si quiero.

- Necesito tener la certeza de que *es posible* para estar decidido a lograrlo. La duda es el peor enemigo de la determinación.

Pero, si bien es cierto que la claridad y la certeza son necesarias para tener determinación, es esta última la que realmente marca la diferencia entre la gente más exitosa del mundo y todos los demás.

Ese primer mundial de fútbol al que asistí gracias a las redes de mercadeo, me marcó principalmente por un personaje: Nelson Mandela. El mundial era en Sudáfrica y en cada ciudad había una *Plaza Mandela*. En cada colonia, la calle principal era la *Avenida Mandela*. En cada recorrido turístico había un *Museo Mandela*. Los taxis, los restaurantes, los comercios, en lugar de imágenes religiosas tenían fotografías de "Madiba", como le llaman a Nelson Mandela. ¿Por qué? Por su determinación.

Él estaba decidido a lograr su causa *veintisiete años antes de conseguirlo*. Y no fueron veintisiete años de preocupaciones económicas o veintisiete años de no poder comprar el celular que le gustaba... fueron veintisiete años de dolor, de correr por su vida, de perder gente querida; todo por estar aferrado a su ideal. Cuando estuvo en la cárcel sufría torturas inimaginables. Lo enterraban de cuerpo completo, dejando únicamente su cabeza descubierta, la cual pateaban, ensuciaban e incluso orinaban. Y cada vez que lo torturaban, terminaban haciéndole una oferta: "Sal y di que te equivocaste; que los negros y los blancos no somos iguales; que tu lucha estaba errada; y te dejaremos en libertad". Pero eso nunca ocurrió. Él prefería ser torturado, incluso morir, antes que rendirse. Eso es *determinación*.

Y ¿qué tiene que ver esto con las redes de mercadeo? En realidad tiene que ver con todo lo que hagas en la vida. Hay mucha gente con una visión clara y hay mucha gente con certeza, pero gente determinada hay muy poca y eso los hace sobresalir.

Porque todos los caminos que valen la pena tienen subidas y bajadas. Todas las grandes historias de éxito que conoces tuvieron muchos momentos buenos y muchos otros malos y los ganadores son aquellos que sobreviven a los malos, nada más.

A todos nos contaron acerca de Cristóbal Colón, pero se les olvidó contarnos que, en su travesía, pudo rendirse demasiadas veces. El rey le dijo que no le prestaría sus naves, pero él, en lugar de rendirse, buscó hablar con la reina. La reina dijo que le prestaría sus naves, pero que no le daría una tripulación y él, en lugar de rendirse, consiguió que le "prestaran" presos condenados a muerte y los entrenó. Sus nuevos tripulantes ex convictos trataron de amotinarse once veces antes de llegar a tierra y Colón, en lugar de rendirse, tuvo que hacer muchas promesas y negociaciones para que la expedición siguiera adelante.

Claro que el principio y el final de la historia son bellísimos: "un hombre decide buscar otro camino a Las Indias y, *sin querer*, descubre América y cambia el mundo"; pero lo que hace las grandes proezas no son el principio y el final, sino las incontables veces que esa persona pudo rendirse y no lo hizo.

Tú en tu negocio tendrás muchas oportunidades para rendirte. Tendrás muchas cosas que te desanimarán. Así como habrá días en los que consideres que éste es el mejor negocio de tu vida, habrá otros en los que te preguntes "¿qué hago aquí?" y el secreto para construir un gran equipo está en seguir adelante, dando siempre lo mejor de ti sin dejar que te afecte el tipo de día en el que te encuentres.

Eso es algo que únicamente se puede lograr cuando decides que *no existe otra opción*. Cuando sabes que tienes la opción de seguir o de rendirte, tu entrega nunca será total. Cuando, en cambio, sabes que ésta es la única opción, intentas por un camino y si no funciona intentas por otro y si no funciona intentas por otro más hasta lograrlo.

Por eso la mayoría de las historias épicas de éxito que conoces comienzan cuando la persona estaba desesperada sin ninguna otra opción, porque, al encontrar la única opción viable, la tomaron con toda la determinación y la desarrollaron hasta lograr verla exitosa.

Para dar un ejemplo famoso (y bastante gastado), el Coronel Sanders, desesperado, sale a buscar quién le compre su receta de pollo y toca cientos de puertas hasta encontrar quién crea en su visión para *Kentucky Fried Chicken*. ¿Por qué no se rindió después de que le cerraran la puerta número 10? ¿O la 20? ¿O la 30? Porque no tenía otra opción.

Te pongo un ejemplo menos común: uno de mis mejores amigos abandonaba cada empleo en el que estaba antes de cumplir tres meses ahí. En todos había algo que lo hacía renunciar. Si no era que odiaba a su jefe, era que no veía espacio para crecer o que no le gustaba el ambiente. Siempre había un motivo para renunciar rápido.

Un día fue al supermercado a comprar calabaza y zanahoria para preparar una sopa que le recomendó el doctor para su bebé de un año. Al llegar a la caja se dio cuenta de que no le alcanzaba el dinero para comprar las dos cosas; debía elegir: o calabaza o zanahoria. En ese momento tomó una decisión: tomaría el siguiente trabajo que pudiera y no lo dejaría hasta llegar a la cima, para que su hija nunca más tuviera que pagar el precio de no poder comprarle todos los vegetales que necesitara.

Cuatro años después, el mismo amigo, con las mismas habilidades, llegó a ser el número uno en su empresa; lo hicieron socio, ganó premios internacionales y cambió su vida (y la de su hija... y tres más que vinieron después). ¿Qué cambió? Se dio cuenta de que no tenía más opción que elegir una empresa para trabajar a largo plazo y tomó la decisión de hacerlo en grande.

Los grandes líderes de multinivel no piensan en opciones, sólo piensan en hacer lo que tengan que hacer, durante el tiempo que tengan que hacerlo para que esta opción funcione. Eso permite que su equipo los siga, la gente necesita que el capitán de su barco sea *determinado*.

...

VALENTÍA

Originalmente este libro hablaba de quince atributos en lugar de catorce. Estoy convencido que los grandes líderes, dentro y fuera de las redes de mercadeo son valientes cuando se trata de proteger su visión, esa que tienen tan clara o a su equipo. Muchas veces se encuentran frente a situaciones que les incomodan, incluso algunas que les aterran, pero las afrontan igual si eso es lo que se necesita para cumplir lo que se han propuesto.

Quizás los ves en las revistas de tu empresa sonriendo frente a su BMW del año, pero si hablas con ellos verás que algunos tienen terror a subir a un escenario, varios odian hacer llamadas, a otros más les aterra la idea de hablar con desconocidos y muchos preferirían no enfrentar a los líderes de su equipo cuando estos hacen algo mal, pero todos ellos lo hacen, a pesar del miedo, porque entienden que las mejores cosas de la vida están del otro lado del miedo.

Verás: todos sentimos miedo porque es parte de nuestra programación elemental para sobrevivir. El miedo es el que impide que acariciemos a un cocodrilo o que saltemos la cuerda en la cornisa de un rascacielos. El problema es que la supervivencia es la programación más importante de nuestro cerebro primitivo y a veces, mucho más seguido de lo que quisiéramos, nos genera miedos infundados.

En nuestro negocio lo vemos todos los días: La gran mayoría de la gente temblamos de miedo cuando tenemos que llamar a invitar a alguien que consideramos más exitoso que nosotros o cuando tenemos que pasar a dar una presentación en público o cuando tenemos que comenzar a prospectar gente desconocida, esa a la que llamamos *mercado frío*.

Pero si lo analizas fríamente ¿qué es lo que nos aterra? ¿Qué es lo peor que podría pasar cuando llames por teléfono a esa persona que tanto miedo te da y le digas "te quiero invitar a un negocio"?

Yo te voy a responder: lo peor que podría pasarte es que te diga "no, gracias, no me interesa". Si quieres verte más pesimista aún, digamos que le llamas en un mal momento y en tono agresivo te dice algo como "no me digas que te metiste a uno de esos negocios. No tengo tiempo para estas tonterías, ¡No me vuelvas a llamar para algo así!".

Es muy poco probable que alguien te responda así de mal, a mí jamás me lo han hecho y he llamado a más de dos mil personas en mi carrera, pero supongamos que sí existe alguien así de violento por el bien de este ejercicio. ¿Qué cambiaría en tu vida? ¿Qué daño real te haría? ¡Nada! No cambiaría nada en tu vida diez segundos después que se te pase el trago amargo de la llamada.

En contraparte ¿qué pasaría si esa persona a la que le tienes miedo decide escucharte, le gusta tu propuesta y se inscribe contigo? Eso sí cambiaría tu vida o al menos tu negocio, porque ahora tendrías en tu equipo a alguien que aumenta tu imagen y la de tu empresa (por algo te daba miedo contactarlo).

Siendo justos, el peor escenario es tan probable como el mejor: podría ser que le llames por teléfono y te diga "¡no lo puedo creer! Ayer soñé que poníamos un negocio juntos y nos hacíamos ricos. Lo que sea que me vas a proponer te digo desde ahora que sí", que entre en tu negocio y te produzca millones de dólares.

Yo sé que este escenario súper optimista es muy poco probable, pero es tan poco probable como el súper pesimista, con la diferencia que el pesimista no cambia nada en tu vida y el optimista sí, la cambia para bien y para siempre.

Llamarle a esa gente a la que le tienes miedo es una apuesta segura: tienes mucho que ganar y nada que perder, sin embargo el miedo nos impide hacerlo y pasa lo mismo con los otros ejemplos que te puse: subir al escenario o hablar con desconocidos son apuestas igual de seguras, pero ese sentido de supervivencia exagerado nos paraliza e impide que lo hagamos. Por eso los grandes líderes son aquellos que hacen lo que deben hacer *a pesar* del miedo.

Roberto Gómez Bolaños, el gran comediante mexicano, creador de personajes como el *Chavo del Ocho* y el *Doctor Chapatín* contaba en una entrevista en Colombia que el personaje con el que más se identificaba era el Chapulín Colorado, porque los dos siempre morían de miedo y a los dos siempre les terminaban saliendo las cosas bien.

Gómez Bolaños cuenta cómo empezó siendo escritor en una agencia de publicidad y estaba aterrado el día que le ofrecieron escribir para televisión porque nunca lo había hecho, pero lo hizo igual y resultó ser muy bueno para ello. Lo mismo pasó cuando le ofrecieron actuar sus propios guiones: le daba miedo dar ese salto pues él era escritor, no actor, pero lo hizo a pesar del miedo y terminó siendo uno de los actores más reconocidos del continente.

Ese es el impacto que tiene la valentía en el camino de un líder: constantemente te ves frente a situaciones que te sacan de tu zona cómoda, pero lo haces igual a pesar del miedo, porque sabes que eso es lo que debe hacerse.

Estoy convencido de que la valentía es el factor que más separa a los líderes exitosos de los demás, pues en este negocio tan simple es muy fácil saber qué hacer e incluso cómo hacerlo, lo difícil es *atreverte* a hacerlo todo, sin elegir únicamente lo que te acomoda.

Entonces, si es un atributo tan importante, ¿por qué fue eliminado de este libro? Porque para mí la valentía es un derivado de la *determinación.*

Cuando estás totalmente decidido a lograr algo, el miedo no te detiene. Si alguna vez estuviste determinado a conquistar a esa mujer o ese hombre de tus sueños entenderás lo que te digo: haces todo tipo de locuras y malabares para llamar su atención, faltas a tus deberes si es necesario sin pensar en las consecuencias, te enfrentas a obstáculos temibles (como amigos con los que estás dispuesto a competir o suegros que debes apaciguar), pero nada de eso te importa porque has tomado una decisión.

La determinación saca lo mejor de ti: te hace valiente e imparable, como un tren a toda velocidad al que no le importa cuántos muros se pongan en su camino.

La valentía es el estado en el que tu determinación es más grande que tu miedo, nada más.

Estoy convencido de que, si posees estos tres primeros atributos: claridad, certeza y determinación, tarde o temprano conseguirás lo que sea que te propongas. Por supuesto que si puedes acelerar el proceso, ¡mejor! Por eso vamos a seguir con el resto de los atributos que, quizás no son tan determinantes como estos, pero sin duda forman parte de la actitud de los mejores líderes de nuestra industria.

4. INTENSIDAD

Entrenaba de día, entrenaba de noche, entrenaba cuando estaba fresca, entrenaba cuando estaba cansada… cada vez que tenía "tiempo libre", entrenaba. Y como las cámaras de TV no muestran todo el sacrificio detrás de las victorias, nadie se explicaba cómo ganó las Olimpiadas esa niña que nació entre la pobreza y la enfermedad.

**La Historia de Gaby Douglas
(2014)**

*Trabajaré duro, tanto como
pueda, en cada momento y en cada lugar*

Tú cuando tienes Intensidad

Una de las primeras entrevistas importantes que hice en mi *blog* fue a Eric Worre, creador del programa *Go Pro*, en el que ha entrevistado a más millonarios de las redes de mercadeo que cualquier otro medio del mundo. Cuando le pregunté "¿Qué consideras que tienen en común las personas más exitosas de esta profesión?", su respuesta fue rápida y contundente: "Trabajan *Duro*". A eso es a lo que llamamos intensidad.

Una vez que tienes claridad, certeza y determinación, lo único que falta para construir tu red es *construir tu red*. Hasta este punto, únicamente hemos hablado de atributos mentales; pero toda la teoría del mundo no basta si no se ponen manos a la obra; y, cuando lo hagas, lo debes hacer trabajando duro, intensamente porque además de querer sembrar las bases de un negocio sólido, querrás marcar el ritmo de trabajo del resto de tu organización.

…

EL GUÍA DE VANGUARDIA

Cuando era joven, uno de mis múltiples, *múltiples* trabajos fue guiar grupos de estudiantes en excursiones. La práctica para no perder alumnos (que sería el peor escenario que te podría ocurrir en ese empleo) era simple: colocábamos un guía hasta adelante del grupo llamado el "guía de vanguardia" y uno hasta atrás llamado el "guía de retaguardia", ambos claramente identificados con uniformes y banderolas.

Todo el resto del grupo podía caminar a la velocidad que quisiera, siempre y cuando no rebasara al guía vanguardia y no se rezagara quedando más atrás que el guía de retaguardia. Obviamente había alumnos que deseaban terminar los recorridos cuanto antes y se pegaban al guía del frente. Otros caminaban a paso medio y siempre estaban entre ambos guías. Otros más caminaban perezosos y siempre terminaban hasta atrás del grupo, platicando con el guía de retaguardia que, a propósito, debía caminar lento y ser el último en llegar.

Personas con distintas habilidades entrarán a tu equipo. Algunos estarán más preparados para el éxito y querrán correr para alcanzar la cima cuanto antes; otros tendrán que desarrollarse en tu organización hasta estar listos y, mientras tanto, tendrán un ritmo más lento. Todos ellos van a requerir trabajar intensamente para que sus habilidades se conviertan en resultados y en el 99% de los casos, ellos te verán a ti como su guía de vanguardia, para saber qué tanto deben trabajar. Los más rápidos irán junto a ti, pero no te rebasarán. Aquellos menos entusiastas quizás hagan la mitad y los que menos convencidos estén de tu propuesta harán el diez por ciento de lo que tú haces.

Lo bonito de los porcentajes es que, si tú haces el 100% de las cosas que debes hacer…

- Los líderes de tu equipo harán el 100%

- Los "promedio" de tu equipo harán el 50%

- Los "turistas" (como llamamos a los que prefieren avanzar lento, "viendo el paisaje") harán el 10%

Pero si tú sólo haces el 60% de las cosas que debes hacer…

- Los líderes sólo harán el 60%, igual que tú
- Los "promedio" harán el 30%
- Los "turistas" harán el 3%

Por eso querrás siempre trabajar tan duro como puedas y poner el ejemplo correcto al resto del grupo.

...

LA GRAN INAUGURACIÓN

Este atributo de la intensidad será especialmente necesario cuando estés iniciando tu carrera, pues definitivamente se requiere mucho más trabajo para iniciar un negocio que para sostenerlo.

Es como manejar: cada vez que estás parado en un semáforo y se pone la luz verde, tu auto necesita mucha más gasolina para iniciar el movimiento que para mantenerlo cuando ya estás avanzando. Por eso, en las ciudades con semáforos, se gasta mucha más gasolina por kilómetro. Cada vez que frenas por completo obligas a tu auto a poner el máximo de su potencia para volver a iniciar el movimiento.

Con tu negocio ocurre lo mismo: iniciarlo requerirá que pongas mucho, *muchísimo* más trabajo del que requerirás para sostenerlo. Por eso en casi todos los equipos de redes del mundo se sugiere hacer una *Gran Inauguración* (también conocida como *Major Blast* o *Arranque Explosivo*).

La idea de esta Gran Inauguración es que logres ofrecer tus productos y tu oportunidad de negocio a la mayor cantidad de personas posibles el primer mes. Yo, por ejemplo, le propongo a mi equipo ver a cincuenta personas en treinta días y otros cincuenta en los siguientes sesenta, para llegar a un total de cien personas en los primeros tres meses (hablo de personas a los que logré hacerles la presentación completa, no de personas a las que sólo llamé por teléfono).

Este gran volumen de presentaciones asegura que la gente tenga algún resultado y ese resultado es indispensable para ofrecer al resto del mundo una "prueba social". Verás: a la gente le gusta apostar a lo seguro, por eso entran únicamente a los restaurantes que se ven llenos e ignoran los que se ven vacíos. Ese "llenado" es la prueba social, por eso siempre los restaurantes hacen inauguraciones donde se vea desde el día uno que el lugar está repleto y por eso también le llamamos "inauguración" a la manera correcta de iniciar tu negocio.

Así como los centros gastronómicos invitan a miles de personas a conocer su menú, traen a la prensa, ponen su mejor decoración y colocan luces que apuntan al cielo como una "batiseñal" a la que se les olvidó poner el símbolo del murciélago, tú también deberás hacer la mayor cantidad de ruido posible y lograr que todo mundo conozca lo que haces.

Así, noventa días después de iniciar tu carrera, la gente que te pregunte "¿cómo vas?" podrá ver que ya tienes clientes y socios y que no estás solo. Verán que la gente está confiando en tu propuesta y sentirán mucha más confianza de unirse también.

Y ¿qué hago si ya llevo más de tres meses y aún no puedo demostrar ningún resultado? ¿Ya todo está perdido? ¡Claro que no! Tú puedes iniciar tu negocio en cualquier momento, sin importar hace cuanto estás pagando la renta.

Si tú llevas mucho tiempo con tu negocio, pero aún no tienes resultados, te sugiero que hagas una lista con doscientos nombres y veas a cien de estos en los próximos noventa días, tal como si tu negocio comenzara hoy. Esa es la manera correcta de empezar y tú puedes empezar el día que lo decidas.

Sólo recuerda que, ese día que decidas dar el primer paso, debes estar dispuesto a hacerlo con mucha intensidad; de lo contrario, tu negocio permanecerá estacionado. Siempre que sientas que tu negocio deja de crecer haz una reinauguración, imprime intensidad y verás como recuperas la inercia y pones las cosas a tu favor.

Ahora bien, yo sé que esto suena a demasiado trabajo. Entiendo perfectamente que parece una misión exclusiva para gente que hace este negocio de tiempo completo, pero no es así. Yo inicié mi carrera cuando trabajaba catorce horas diarias como empleado y sólo me restaban un par de horas diarias para las redes de mercadeo.

Sin embargo, como era mi inicio, fue cuando más intensidad tuve. Ese, creo yo, es el estado ideal de crecimiento en nuestra profesión, pues sigues con otro empleo o negocio que te permite conocer gente nueva a diario. Tu ingreso de las redes de mercadeo es *adicional* a lo que ya estás ganando y, por lo tanto, incrementa tu estilo de vida. Y la combinación de dichos factores hace que mucha más gente quiera escuchar lo que estás haciendo.

Si pudiera recomendarle algo a toda la gente que inicia en nuestra profesión sería que se mantenga lo más que pueda sin renunciar a su otro ingreso y al mismo tiempo aplique la mayor intensidad a este, su nuevo negocio. Esa sin duda es la mejor forma de iniciar y para conseguirlo es indispensable tener *enfoque*, nuestro siguiente atributo.

5. ENFOQUE

Tenía una sola misión: encontrar y destruir a Sarah Connor.
Los golpes no lo frenaban, las balas no lo frenaban. Nada lo
frenaba, ni lo frenaría hasta alcanzar su objetivo.

Terminator (1984)

Nada me distrae de mi objetivo

Tú cuando tienes Enfoque

El término "trabajo duro" no es mi favorito. Suena a que debo cansarme para saber que estoy haciendo las cosas bien. Por eso prefiero hablar de trabajar con *intensidad*, pero bien entendida y cuando digo "bien entendida" quiero decir bien *enfocada*.

Cuando iniciaba mi carrera en redes, tuve la suerte de asistir a un entrenamiento con uno de los rangos más altos de la empresa, de nombre Shai. Yo llevaba un mes en el negocio y él ganaba en un mes lo que yo ganaba en un año, así que me pareció buena idea escucharlo. Como nuestro equipo se veía prometedor y él sólo estaría 48 horas en nuestra ciudad, decidió enseñarnos todo lo que sabía en esa sesión –que iniciaba a las 8:00 de la noche- sin importar lo que durara. Igual que en las buenas fiestas, sabíamos cuando entrábamos pero no teníamos idea cuándo saldríamos.

Cuatro horas después, siendo las 12:00 de la noche, se dio por concluida la sesión y yo, con la cabeza hecha "calabaza", me acerqué a Shai y le dije: "enseñaste demasiadas cosas, fue demasiada información… ¿has escuchado decir que los hombres sólo podemos enfocarnos en una cosa a la vez?" él me dijo que sí lo había escuchado, así que repliqué: "Bueno, pues yo soy muy hombre… por favor dime una sola cosa que tenga que hacer y la haré mejor que nadie".

Se rió de mi comentario, luego hizo una pausa larga, pensativo, y concluyó: "*Ok.* Si quieres que te diga una sola cosa que tienes que hacer, es ésta (tome nota querido lector, estoy a punto de compartirle uno de los dos consejos que cambiaron mi carrera): *Asegúrate de que todos los días salga una presentación de tu boca*".

Y yo, que suelo tomarme las instrucciones muy en serio, eso hice. Presentaba *todos* los días mi oportunidad de negocio, de lunes a lunes, los 365 días del año, incluidos el día de mi cumpleaños, las festividades decembrinas y las vacaciones. Tengo incluso fotografías que me tomaron *in fraganti* en Cancún, dibujando circulitos en la arena para explicar el plan de compensación de mi empresa a otro turista que acababa de conocer.

A veces la presentación era para mis invitados, a veces lo hacía para apoyar a mi equipo al contarlo a sus invitados. A veces era para una persona, a veces para setenta y ocho (sí, ese es mi récord de asistencia en una sola presentación de negocios y lo recuerdo fácilmente porque es el año en que nací). A veces en persona, a veces a distancia utilizando alguna plataforma de video conferencia.

Un día, inclusive, siendo las 23:00 horas, no había encontrado a nadie a quien contarle acerca de mi empresa y la consigna era muy simple: todos los días debía salir de mi boca una presentación, así que me pedí un taxi al aeropuerto y le conté al taxista toda la información de mi empresa. Hice lo mismo con el taxista que me regresó a mi casa. A las 12:00 en punto estaba de regreso y había dado 2 presentaciones.

Si llevas más de una semana en el negocio de redes de mercadeo, ya habrás notado que nuestro principal trabajo consiste en *ser* la publicidad de la empresa. Nosotros somos quienes contamos al mundo acerca de los productos que ofrece la compañía y la oportunidad que existe de hacer negocio con ellos. Nuestra principal labor, dicho de otro modo es "contar la historia de la empresa". Y el consejo de Shai era muy inteligente, porque básicamente me decía: "si tienes que elegir en qué invertir tu tiempo, hazlo en esa única actividad que es la que genera los ingresos".

Obviamente, para poder contar la historia de mi empresa, tenía que hacer llamadas y citar personas que me fueran a escuchar. Tenía que agendar horarios para ver a esas personas. Tenía que dar seguimiento a todos los que ya hubieran escuchado lo que tenía para mostrarles. Para cumplir mi objetivo tenía que hacer muchas otras cosas, pero el objetivo era tan claro, tan simple, que no hacerlo hubiera sido únicamente por desidia.

Eso es lo que necesita la intensidad: estar enfocada en los objetivos; o, de lo contrario, únicamente se convierte en trabajo duro que puede o no dar resultados. Cuando uno tiene intensidad enfocada es cuando realmente logra lo que se propone; esas cosas que, como establecimos anteriormente, requieren claridad, certeza y determinación antes de llegar a este punto.

Te pongo un ejemplo: cuando tenía 14 kilos de sobrepeso, bien distribuidos entre mis cachetes de morsa (7 kilos en cada cachete), me topé con el libro de Tim Ferris titulado *El cuerpo de 4 horas*. Este libro proponía una dieta que prometía darte un cuerpo del tipo Tyler Durden.[2] Hice la dieta un mes y perdí con ella los 14 kilos que necesitaba. Varios años después volví a descuidarme, pero esta vez sólo necesitaba bajar 7 kilos. Hice la dieta un mes y perdí treinta días de mi vida... no bajé ¡ni un kilo!

¿Qué cambió? Que la primera vez amanecía pensando en mi dieta, planificaba mi día en función de mi dieta, hablaba con todos acerca de mi dieta, decidía con quién sí podía salir y con quien no en función de quienes eran buena influencia para mi dieta y me iba a dormir revisando cómo me había ido con mi dieta. La segunda vez, decía estar a dieta, pero constantemente lo olvidaba y "sin querer" me comía un

---

[2] Si no recuerdas quien es Tyler Durden, consigue la película *El Club de la Pelea* y busca al famoso actor Brad Pitt.

Bubulubu[3] congelado.

En otras palabras, la primera vez que hice la dieta estaba totalmente enfocado, intensamente enfocado y eso, mis queridos amigos, es lo que necesitan para hacer este negocio en grande. Ya lo dijimos muchas veces, no tienes que dejar tu empleo o tus *hobbies*, sólo debes estar muy enfocado en tu negocio y trabajar intensamente en las cosas que realmente van a dejarte dinero.

Y "¿cuáles son esas cosas?", preguntarás... es la mejor pregunta de todas las que me "has hecho"; te responderé:

En realidad hay sólo cinco actividades productivas que dejan dinero en nuestra profesión:

1. Conocer gente
2. Invitar a esa gente a que conozca tus productos y tu oportunidad
3. Presentar tu oportunidad y tus productos
4. Dar seguimiento para concretar ventas y afiliaciones
5. Encender el negocio de los que se afilien

Trabaja enfocadamente en esas cinco cosas, más que nadie, y serás quien gane más que nadie en tu empresa.

Si te mantienes enfocado tu trabajo será consistente y como diría el famoso entrenador internacional Paul Martinelli, "la consistencia siempre le ganará a las metas". Claro que las metas son importantes, pero cuidar el trabajo que hacemos cada día, con excelencia en todo momento será siempre más efectivo que tener metas increíbles y trabajar en ellas sólo un par de días a la semana.

La diferencia entre el escritor que vende millones de copias y el que nunca es publicado es que el primero todos los días escribe y cuida de hacerlo tan bien como sea posible. El

---

[3] Una disculpa a los lectores no mexicanos, pero no me gusta inventar ejemplos que no sean ciertos y la golosina de mis pecados era esta empalagosa barra de malvavisco con mermelada y chocolate llamada Bubulubu.

padre con hijos que tienen alta autoestima les recuerda que son amados y especiales a diario. El luchador que gana las competencias entrena todos los días dejando el corazón en el ring. Si entrenara sólo un día a la semana sería el saco de entrenamiento de los otros peleadores serios.

En nuestro negocio, por ejemplo, si tú haces diez minutos de llamadas y una presentación diaria por un año, tendrás muchos más resultados que aquellos que corren como locos tres meses y después dejan de trabajar.

¿Cómo lo sé? porque a mi me pasó. Como te conté anteriormente yo decidí hacer una presentación todos, absolutamente todos los días del año. Para ello tenía también que hacer quince minutos de llamadas cada día, de lo contrario no tendría a quien hacerle la presentación y, como esto me traía gente nueva cada semana, también me obligaba a dar un entrenamiento semanal para enseñarle a esos nuevos socios cómo empezar su red.

Algunas personas veían mi consistencia y la imitaban y eso me llevó en sólo diez meses a ganar mensualmente lo que antes ganaba en un año como empleado, pero yo sé (aunque no siempre lo admita) que mi éxito no se basó en mis habilidades como presentador ni en mi inteligencia, sino en mi simple capacidad de hacer todos los días lo mismo y mantenerme enfocado en ello hasta lograr mi objetivo. Enfoque, consistencia, nada más.

Por cierto, sólo para aclarar, lo contrario al enfoque son las distracciones, así que una vez que empieces a construir tu negocio…

¡No te distraigas!

Habrá muchos motivos para hacer una pausa: unas vacaciones bien merecidas, un proyecto urgente en tu trabajo, una nueva serie de TV de la que todos hablan y "sólo te tomará dos semanas de *no dormir* para verla de principio a fin".

Pero debes entender que construir un negocio es como

subir una montaña en bicicleta: si frenas, te vas de espaldas y retrocedes todo lo avanzado (sólo que con más chichones, moretones y miedo del que tenías cuando empezaste a subir la primera vez).

Cuando llegues a la cima podrás disfrutar del aire limpio, la vista y el ingreso residual, pero antes de ese punto, ¡no puedes distraerte! Incluso si hay complicaciones en tu negocio como escasez de producto, peleas entre los líderes o cualquier otra situación donde tu instinto te diga "¡frena!", no hagas caso. *Pepe Grillo* se equivoca mucho cuando da sugerencias de Negocios. Es sobre todo en esas situaciones difíciles que deberás seguir y ponerle el ejemplo a tu equipo: sin parar hasta llegar a la cima.

Uno de los mejores *networkers* que he conocido, un tailandés con redes de cientos de miles de personas llamado Niti, me decía cuando lo entrevisté que su mayor trabajo era ser un "asesino de distracciones". Relataba cómo la gente suele tomar cualquier cosa como motivo para distraerse y que él era tan exitoso porque, cada vez que veía a alguien distraído, "viendo al piso", él le levantaba la cabeza, le recordaba su sueño, sus objetivos y lo reenfocaba.

Tú también querrás mantener el enfoque -tuyo y de tu equipo- hasta alcanzar la meta. Claro que, mientras más rápido la alcances, más fácil será mantener dicho enfoque… pero de eso hablaremos en el capítulo que sigue.

6. URGENCIA

Tenía una gran idea, tenía un gran proyecto, tenía un gran equipo. Lo que no tenía era tiempo; si no daba resultados pronto perdería el apoyo de la afición, la confianza de la directiva y, en última instancia, su trabajo.

El Juego de la Fortuna (2011)

"Hoy haré lo más que pueda.

Hoy siempre es mejor que mañana"

Tú cuando tienes Urgencia

Un amigo constructor me contaba que, cada vez que lanzaba la preventa de un edificio, tenía tres meses para vender el 50% de los departamentos; de lo contrario tardaría muchos años en vender la totalidad del edificio.

Este fenómeno ocurría por una simple razón: la percepción de la gente es muy cruel. Si llevas mucho tiempo anunciando tu construcción, la gente que viene a ver los departamentos se pregunta ¿por qué no se estarán vendiendo? y busca en su imaginación todos los posibles motivos, fallas y catástrofes por las cuales el resto de la gente no compra. Obviamente estas fallas imaginarias hacen que ellos tampoco compren.

En el polo opuesto, cuando vendes el 50% de los departamentos, incluso si la construcción tiene una falla o está sobrevalorada, la gente encuentra justificaciones para comprar porque después de todo, si tanta gente ya compró, debe ser una buena inversión.

Esa es la prueba social que ya mencionamos en el capítulo anterior (cuando hablamos del restaurante) y es el motivo por el que, además de intensidad debes tener *urgencia*. De hecho, la ya tan mencionada y sugerida "gran inauguración" es la estrategia donde se "casan" la intensidad y la urgencia.

Si construyes tu negocio lentamente, la gente se preguntará por qué no estás teniendo resultados. Si, en cambio, lo construyes rápido, la gente querrá ser parte de esa "preventa" antes de perder la oportunidad.

Otro motivo por el que los grandes líderes siempre tienen urgencia al construir es que eso siembra un ritmo óptimo para su organización.

Recuerda que la gran mayoría de tu equipo hará lo mismo o menos que tú. Si construyes a gran velocidad, tu red crecerá a ese mismo ritmo y tú quieres que la mayor cantidad de gente se entere de que tu empresa existe gracias a ti, porque algo es seguro: si tu empresa es buena, todo tu país la va a conocer tarde o temprano; si no lo hacen por ti lo harán por alguien más; si no te deja dinero a ti se lo dejará a alguien más.

Piensa esto: si tú asocias a una persona hoy y a la siguiente dentro de tres meses, es muy probable que ocurra una de dos cosas:

a) El primero que asociaste ya no cree en tu propuesta, porque no vio ningún crecimiento.

b) Está trabajando al mismo ritmo que tú y tu organización crece a ritmo de partido de ajedrez por correo (sí, *millenials*: hubo una época en que la gente jugaba ajedrez por un sistema de envío de papeles al que le llamábamos "correo").

En cualquiera de los dos escenarios la construcción de tu negocio será mucho más difícil y, si tienes la posibilidad de construir fácil o difícilmente, ¿por qué elegirías la segunda? Recuerda esto: asociar a diez personas en un mes o en un año requerirá que inviertas la misma cantidad de horas en llamadas y presentaciones, pero de ninguna forma tendrá los mismos resultados: la construcción rápida siempre será diez veces más poderosa.

El último motivo por el cual desearás tener urgencia es porque te permitirá curar una de las peores causas de fracaso de los seres humanos: la indecisión. Por cada diez personas a las que les hables de tu negocio, es probable que una te diga "sí" en el instante, una te diga "no" decidido y los otros ocho te digan cualquier variación de: "no sé", "tal vez", "puede ser", "a lo mejor", "quien sabe", "necesito consultarlo con mi esposa", "debo pensarlo", "tengo que pedir permiso a mi astrólogo" (¡ah, sí! ¡Me lo han dicho! No soy tan creativo como para inventar una respuesta así), etcétera.

Toda esa gente lo único que está diciendo es "tengo miedo, necesito tiempo para aplacarlo y tomar una decisión", porque a los seres humanos tomar decisiones nos pone muy nerviosos; tendemos siempre a imaginar posibles escenarios futuros y cargamos demasiado peso sobre lo que decidimos hacer.

Yo, por ejemplo, cuando me ofrecieron hacer redes de mercadeo por primera vez, estuve 48 horas sin dormir pensando cosas como "¿qué pasa si entro y es un fraude?", "¿y si no entro y todos se hacen millonarios excepto yo?", "¿qué hago si pierdo este dinero que tanto me costó conseguir? bueno, no es tanto dinero... ¡uff! es muchísimo dinero". Y así, en mi cabeza se jugaba un "partido de ping pong" entre "voy a entrar" y "no voy a hacerlo".

El problema está en que la gente, cuando pide tiempo para pensar, se distrae con otras cosas; la emoción de entrar se diluye y la angustia desaparece simplemente porque se les olvida. A ti no te conviene que se les olvide porque el *status quo* es que ellos no son parte de tu equipo y no compran tu producto, así que, si se les olvida, todo permanece como está y tú pierdes.

Si logras, en cambio, que tu actitud y la de tu equipo generen urgencia, darás a tus invitados y posibles clientes un buen motivo para tomar una decisión antes de que se les olvide. Algunos decidirán que sí, otros decidirán que no, pero todos habrán hecho algo mejor que olvidar que estaban tomando una decisión.

7. PROFESIONALISMO

Cuando una empresa necesitaba robar secretos, Dom Cobb era la persona a contratar. Sabía hacerlo, dominaba técnicas complejas, cuidaba los procesos, ponía atención a los detalles y, sobre todo, protegía a su equipo. Su servicio costaba fortunas, pero en el peligroso arte de ingresar a los sueños, simplemente era el mejor.

El Origen (2010)

"Haré las cosas bien, mejor que el resto; soy la imagen de mi empresa."
Tú cuando tienes Profesionalismo

Ya hablamos de trabajar intensamente y de hacerlo con urgencia, pero falta un elemento ligado directamente a la forma en que desarrollas tu negocio: debes hacerlo profesionalmente. Trabajar duro y veloz no será suficiente, también deberás trabajar bien.

Uno de mis primeros trabajos fue el de *barista* en un restaurante a orillas de la playa en Tel Aviv, encargado de preparar postres, bocadillos y todo tipo de cafés (en una época en la que no existía el "doble *caramel machiatto*" ni nada más complejo que un expreso, claro está). Como era el único que hablaba hebreo, ganaba un poco más que mis compañeros de barra. El día que aprendí a manejar la máquina de expreso, me aumentaron el sueldo un poco más. Después renuncié, pero aprendí que, con cada habilidad que desarrollaba, me volvía más valioso para el restaurante.

Con las profesiones sucede lo mismo, sobre todo con una como la nuestra en la que tu equipo espera que le indiques el camino a seguir. Mientras más habilidades desarrollas, más valioso te vuelves, más credibilidad ganas y más potencial de ingresos adquieres. Un profesional es alguien que ha estudiado cómo desarrollar un trabajo y lo practica *cuidando cada detalle*.

Quizás pienses que "todo el que estudió cómo desarrollar una profesión es un profesional" y estarías en lo correcto de acuerdo al diccionario, pero cuando decimos "ese carpintero es muy profesional", no nos referimos únicamente a que estudió cómo cortar madera y armar una silla, eso todos los carpinteros lo saben. Cuando decimos que es *profesional* nos referimos a que aprendió el oficio del carpintero y además *cuida los detalles* mientras lo ejerce.

Mi esposa, por ejemplo, es mucho mejor que yo en este rubro (y aprovecho para hacer mención de que, si tú careces de alguno de los catorce atributos, debes asegurarte de trabajar de la mano de alguien a quien le sobre. Si tu pareja y tú hacen el negocio juntos y entre los dos acumulan los atributos, para tu equipo será igual de válido y valioso). Cuando la conocí, mucho antes de estar casados, teníamos que grabar unos videos para un curso de finanzas personales que desarrollábamos. Ella era asesora financiera y yo *coach*, de modo que la unión de nuestros talentos podía agregar mucho valor a la gente interesada en el tema.

Cuando nos vimos para grabar yo únicamente traía una serie de buenas ideas escritas con pluma negra en una hoja arrancada de un cuaderno y una cámara. Ella, por su parte, había escrito el guión entero de lo que pensaba decir a lo largo de quince cartulinas con plumones de distintos colores, lo cual le permitía recordar tonos o inflexiones que variaban dependiendo del color en cuestión. Había conseguido un salón para grabar con una vista que funcionaba a la perfección como fondo, alquilado luces, llevaba tres cambios de ropa para ver cuál funcionaba mejor con el fondo y llevaba una caja de maquillaje para retocar los brillos.

Lo curioso del asunto es que ¡yo era el que tenía experiencia grabando videos!, pero ella era la que se había tomado el tiempo de cuidar los detalles. Hasta el día de hoy, ella es la que cuida, en todos nuestros emprendimientos, que no estemos olvidando esas pequeñas cosas importantes que a los distraídos como yo nos pueden costar caro; porque recuerda: *los grandes éxitos, radican en los pequeños detalles.*

Seguramente a ti ya te explicaron cuál es el sistema con el que trabaja tu compañía y seguramente se ve más o menos así:

1. Haz una lista de candidatos.

2. Contacta a tus candidatos para invitarlos a escuchar tu propuesta.

3. Cuéntales tu propuesta con una presentación llena de herramientas.

4. Asocia a los que quieran ser parte de tu negocio y trata de vender el producto al resto.

5. Haz eventos para darle seguimiento a todos aquellos que no lograron definir aún si les interesa tu propuesta o no y para mantener al equipo en constante aprendizaje.

6. Educa a los que decidieron asociarse contigo para que ellos puedan replicar lo que tú haces.

Puntos más, puntos menos, todas las empresas de redes hacemos lo mismo. Algunas promueven más las presentaciones masivas, otras prefieren los *uno a uno*. Hay equipos que prefieren contactar candidatos por teléfono, otros están migrando a *Whatsapp*, pero, en el fondo, todas las estructuras son muy similares y además son muy fáciles de aprender. Si todo esto es tan fácil de explicar y de aprender, entonces, ¿quiénes serían los profesionales? Al igual que en el ejemplo del carpintero, serían los que aprendieron muy bien cómo se hace cada paso del camino y cuidan los detalles mientras lo hacen. Por ejemplo:

1. Su lista de candidatos sería lo más grande posible y pondrían a toda la gente que conocen en ella, sin descartar a nadie. La tendrían escrita en algo que puedan llevar con ellos para poder ampliarla más aún cada vez que recuerden un nombre. Aprenderían a conocer gente nueva para seguirla ampliando de manera ilimitada. La trabajarían con orden todos los días, para no perder nunca una venta o una asociación por haberle dado mal seguimiento

2. Contactarían a sus candidatos exactamente como lo enseña el sistema de su empresa para que sus invitados aprendan, desde ese momento, como tendrán ellos que duplicarlo. Harían las llamadas en un momento del día que estén llenos de energía, con total seguridad en la voz, dando únicamente la información necesaria.

3. Presentarían su oportunidad sabiendo que cuentan con todas las herramientas que indica el sistema. Si son herramientas impresas (catálogos, revistas, etcétera) tendrían varias, bien cuidadas, de la mejor calidad posible. Si son herramientas electrónicas (CD's y DVD's) los habrían probado antes para saber que funcionan.

Si lo hacen en su casa, la tendrían limpia y ordenada, dispuesta para tener una junta seria, sin distracciones. Si lo hicieran en un café, elegirían uno con poca gente, lo más callado posible y llegarían con tiempo para elegir la mesa más tranquila del lugar. Si presentaran de manera remota, se asegurarían de tener la mejor conexión a internet.

En términos generales cuidarían que los invitados estén cómodos y seguirían cada paso del sistema para presentar la información correcta, de la manera correcta.

4. Asociarían a la gente que así lo decidiera dedicándoles el tiempo necesario para explicarles cada producto que están pidiendo y cada paso del proceso de inscripción. A la gente que no estuviera interesada en ser parte del negocio les ofrecerían comprar producto y les darían un seguimiento correcto (no saben cuánta gente comete el error de no dar seguimiento a sus clientes por enfocarse únicamente en los que quieren construir una red. La gente a veces olvida que los clientes que no hacen red son la base de un negocio sólido a largo plazo).

5. Asistirían a todos sus eventos, aunque tuvieran que escuchar lo mismo cada semana. Serían los primeros en llegar, siempre bien vestidos y tratarían de llevar la mayor cantidad de invitados. Serían positivos en todas sus conversaciones y edificarían al resto de los líderes para empoderarlos. Durante la presentación se sentarían lo más adelante posible, en absoluto silencio, tomando notas y participando para ayudar a que fluya mejor la presentación de quien está al frente. Al final de la presentación se quedarían a resolver las dudas de sus invitados y, en caso de no tenerlos, ayudarían a otros a hacerlo. Al final de todo, en lugar de salir corriendo a dormir se quedarían a platicar con el resto del equipo o irían a cenar con ellos para fortalecer las relaciones.

6. Si su empresa tuviera videos educativos, se tomarían el tiempo de sentarse a verlos con sus nuevos socios. Si estos tuvieran dudas, se las responderían con paciencia pero en lugar de darles la información completa, les darían la fuente en la cual conseguir sus respuestas y de este modo les ayudarían a saber siempre en dónde encontrar la información correcta (ya sabes lo que dicen: dale a un hombre un pez y comerá un día; enséñale dónde encontrar el video educativo con toda la información de la pesca y podrá duplicar la

enseñanza entre sus *downlines*, para así comer pescado residual el resto de sus días).

Después de haberlos entrenado, se sentarían con ellos a hacer sus primeras llamadas, darían con ellos sus primeras presentaciones y se asegurarían de que tuvieran sus primeras victorias (porque entenderían que si les dicen "hagan llamadas" en lugar de sentarse con ellos a hacerlas, el 90% de sus nuevos socios jamás iniciarían su negocio).

Por último, una vez que estos tuvieran sus primeras victorias, les darían la motivación y el impulso necesario para independizarse (hablaremos más de ello en el capítulo de la *paternidad*).

Como ves, un profesional no sólo aprendería y aplicaría el sistema que le enseñaron, sino que cuidaría todos los pequeños detalles en el proceso. Eso permitiría que su equipo lo vea como alguien confiable, a quién seguir. Después de todo, siempre queremos seguir al que sabe lo que hace... ¡y lo hace!

8. PASIÓN

Cuando Alfredo hablaba de cine, el brillo en sus ojos atrapaba al pequeño Salvatore. Su amor por las películas despertó en el interior del niño una llama ardiente, contagiosa, que al pasar de los años lo convirtió en el más famoso director italiano de cine.

Cinema Paradiso (1988)

"Amo lo que hago. Amo por qué lo hago.

Amo hacia dónde voy."

Tú cuando tienes Pasión

Yo aún no hacía redes de mercadeo. Sonó el teléfono de mi casa y al otro lado estaba una voz que reconocía, pero me sorprendía. Era Dafne Zirlinger, mi competencia en el negocio que tanto trabajo me había costado construir.

Habíamos cruzado dos palabras en nuestra vida y nos caíamos mal. Ella lo sabía por lo que comenzó diciendo: "Hola Jaime, yo sé que te extraña mi llamada. Fíjate que estoy iniciando un negocio y sé que siempre hemos sido competencia, pero creo que esta vez, si trabajamos juntos, podemos hacer algo muy grande". Como ya habrás intuido, así fue como me invitaron a formar parte del multinivel.

Llegué a casa de Dafne y su esposo Alberto donde me presentaron a su socio, quien me explicaría la oportunidad a la que me estaban invitando. El socio, un israelí de carácter fuerte, preguntó a Alberto si entendía hebreo y podía traducirlo; él dijo que sí, y con ello empezó ¡la peor presentación que he visto en mi vida! El israelí decía cada frase en hebreo. Alberto no entendía así que el israelí debía repetirla en inglés; posteriormente, Alberto la traducía al español inventando la mitad de las cosas y, para colmo, yo, que entendía a la perfección los tres idiomas, tenía que escuchar por triplicado todo.

La presentación duró tres horas, la mitad de las cosas que se dijeron estaban equivocadas y sin embargo decidí asociarme con ellos (por cierto, más tarde me confesarían que esa había sido la primera presentación que habían realizado todos los involucrados y ninguno tenía idea de lo que hacía; sin embargo, los resultados habían sido positivos).

El motivo por el que decidí asociarme con dos personas que me caían mal y un israelí que no conocía fue porque había un brillo en sus ojos inconfundible. Ese brillo que sólo tienen aquellos que están enamorados, aquellos que tienen esperanza, aquellos que están *apasionados*. Dejémoslo muy claro: *la gente no se asociará contigo por lo que les digas, se asociará contigo por el brillo que tengas en los ojos cuando se los digas.*

El problema con la pasión es que no se puede fingir. Tú puedes hablar con mucha euforia de tus productos, pero la gente notará que esa euforia es falsa si no estás realmente enamorado de ellos y la falsa pasión, en lugar de atraer, ahuyenta.

No es que sea ingenuo, yo sé que no puedes estar enamorado de todo lo que haces en tu empresa, pero será imposible tener éxito si no estás enamorado de nada, así que pregúntate qué es lo que te enamora de tu negocio, y tómalo como bandera. Y en este mismo orden de ideas, si bien es cierto que te puedes enamorar de muchas cosas (tu equipo, los contactos que haces, lo mucho que aprendes, los viajes que puedes ganar, etcétera) hay dos cosas que *necesariamente* deben encender tu pasión:

- **Tus productos:** Estos siempre deberían ser una de las cosas que te enamoren de tu proyecto. Si estás promoviendo un producto que no te encanta, de cierta forma le estás mintiendo a la gente. Hace poco me decía una persona: "yo vendo alpargatas y no uso alpargatas, ¿cuál es el problema?". El problema es que, para vender en una tienda, lo único que necesitas es *marketing*. Para construir una red de mercadeo necesitas liderazgo y el liderazgo requiere congruencia, pero hablaremos más de eso en el penúltimo capítulo.

En contraparte, no creas que debes conocer todo acerca de tu producto para empezar a promoverlo, eso te lo dará el tiempo (o las múltiples herramientas que debe tener tu empresa para ser estudiadas por los que realmente quieren profundizar en los productos). Lo único que necesitas para iniciar (repito: *para iniciar*) es que te apasione el *mensaje* de tu producto.

A mí, por ejemplo, me encantan los autos Tesla porque son ecológicos y deportivos a la vez, algo que ningún otro auto había logrado en la historia. No tengo idea de cómo funcionan, no sé nada de tecnología automotriz; no podría responder ni una sola pregunta acerca de cómo lo hacen, sólo sé que lo hacen; es un mensaje que me encanta y eso es suficiente para apasionarme con la idea de tener un Tesla.

Así que asegúrate de estar apasionado con el mensaje de tus productos a corto plazo y úsalos mucho, tanto como sea necesario, para corroborar que el mensaje sea cierto cuanto antes, tener un testimonio personal y afianzar tu pasión (si comprara el Tesla y descubriera que no logro acelerar más de lo que haría en un Prius, la emoción del mensaje se desvanecería).

- **La visión:** La herramienta más poderosa y confiable de la pasión es la visión, esa misma que, como establecimos en el capítulo uno, debe ser muy clara. Pero además de ser clara, debe ser *emocionante*. Debe ser una visión que te impulse a salir de la cama por la mañana, que te dé energía el resto del día y te impida dormir de noche.

Una visión tan grande y profunda que encienda una llama en tu corazón y se expanda al de tu equipo. Una visión que le dé un motivo a tu camino y al de tus seguidores; no es casualidad que la palabra *motivación* provenga de la misma raíz que *motivo*.

Cuando tú tienes un motivo por el que haces las cosas (derivado de tu visión), emana de ti una energía que te permite avanzar sin cansancio y que además es altamente contagiosa. Si la visión que estableciste al iniciar este libro no te emociona o no atrae a más gente a querer unirse a ti, sabrás que estás cometiendo uno de los siguientes errores:

- Tu visión es demasiado pequeña.

- Tu visión es poco clara (como lo hablamos en el capítulo 1).

- No crees en tu visión (como lo hablamos en el capítulo 2).

- No estás comunicando lo suficiente tu visión (como lo hablamos en el capítulo 4).

Porque una visión gigante, clara, en la que crees y comunicada con frecuencia, siempre generará pasión en ti y en todos tus compañeros. Si te entusiasma, utiliza la visión de tu empresa: ¿Por qué fue creada? ¿Hacia dónde va? ¿Qué va a mejorar en el mundo? También puedes utilizar la visión de tu equipo: ¿Qué van a lograr? ¿Cuántas vidas van a cambiar? ¿Cómo lo van a hacer?

Y, por supuesto, todo eso debe estar sumado a tu propia visión: ¿Para qué decidiste construir tu red? ¿Qué va a mejorar en tu vida, en la de tu equipo, en la de tu sociedad, en el mundo?

...

PASIÓN Y ENERGÍA

Cuando algo te apasiona te llena de energía y cuando estás lleno de energía alimentas la pasión. Estos dos ingredientes están íntimamente ligados en tu mente y dicha unión puede ser usada a tu favor.

Verás: la gran mayoría de la gente entiende que la pasión los pone en un estado de euforia que los llena de energía. Si has estado enamorado recordarás cómo al principio parecía que no necesitabas dormir. Tenías "batería" para estar despierto 20 de cada 24 horas y, desde que te levantabas hasta que te ibas a dormir, estabas en un estado diferente... casi embriagado de alegría. Era obvio que esa pasión te llenaba de energía.

Lo que casi nadie sabe es que la fórmula funciona en los dos sentidos. Así como la pasión te llena de energía, la energía alimenta la pasión. Si estás amodorrado o decaído, no podrás estar apasionado, así que debes aprender a mantener niveles altos de energía si quieres conservar este valioso atributo. Hay 4 elementos que influirán directamente en tus niveles de energía:

Tu estado físico: Tengo un querido maestro de artes marciales que fue campeón del mundo 5 años consecutivos; su nombre es Fidel Zerda y es una máquina de trabajo: comienza a entrenar a las 5:00AM, da entrenamiento a sus alumnos a partir de las 8:00, actúa en series de TV, dirige peleas para cine, da conferencias y le sobra tiempo de calidad para estar con familia y amigos entre los cuales me siento muy afortunado de estar.

En una de esas clases donde él me gritaba y yo casi vomitaba del cansancio (que era casi siempre), me dio una lección muy importante, me dijo: "Jaime, tú ya no crecerás mucho en tu área intelectual aumentando la cantidad de libros que lees, porque ya lees tanto como puedes. No crecerás mucho en tu área social conociendo más gente, porque ya conoces muchas personas y trabajando ese aspecto de tu vida quizás lo mejores un cinco o un diez por ciento. Pero puedes crecer en tu área física, ese es tu punto débil y cuando crezcas en ese punto es cuando vas a crecer en todo lo demás".

Y así fue. Por primera vez en mi vida pude hacer lagartijas y abdominales y esas cosas que siempre odié; mejoré mi condición física y con ella mejoré en todo lo demás, *porque ahora tenía más energía* y más energía equivale a trabajar más rápido, pensar más rápido, dormir menos y rendir mejor. Nuestro cuerpo es una máquina maravillosa, se ajusta a todo lo que le exigimos. Mientras más trabajo le damos, más crece para permitirnos cumplir nuestro cometido. Un cuerpo ejercitado por lo tanto, es un cuerpo que produce mucha más energía, misma que podrás utilizar en todo lo que haces. Si aún no haces ejercicio, comienza con pasos pequeños, que no te frustren; todo lo que hagas será mejor que nada.

Tu estado alimenticio: Tu cuerpo se reconstruye cada segundo que pasa. Células viejas mueren y células nuevas nacen. Cada siete años el 97% de tus células han cambiado y todas esas nuevas unidades que componen tu cuerpo se han creado a partir de los materiales que les has proporcionado, a través de lo que respiras, de lo que comes y de lo que tomas. Adicionalmente, tus órganos trabajan todos los días para eliminar lo que no les sirve.

Si tomas estos dos principios como referencia, entenderás por qué es tan importante alimentarte con cosas que nutran a tu cuerpo. Por un lado estarás dando a tus células herramientas correctas para reconstruirse y por el otro permitirás que tus órganos trabajen menos en procesos de filtración y desecho, lo que se traducirá en tener más energía para otras cosas.

Dale a tu cuerpo azúcar y harinas refinadas, grasas saturadas y químicos que quiera eliminar y restarás energía a tu día. Dale fruta, verdura, grasas saludables, carbohidratos integrales y proteínas de calidad y tendrás más energía.

No entraremos en más detalle porque no es un libro de nutrición, y seguramente ya has escuchado mucho del tema y no necesitas más información, sólo más decisión para alimentarte con todo lo que sabes que es saludable.

Tu estado del sueño: Es obvio, pero mencionémoslo: si duermes mal tendrás menos energía. No necesariamente necesitas dormir más, quizás ya pasas muchas horas en "brazos de Morfeo", pero lo haces intranquilo o con muchas pausas o con demasiado frío o calor.

Tampoco es un libro de mejora del sueño, así que no profundizaremos en el tema, pero si sientes que despiertas cansado, tienes que atender este punto cuanto antes.

Tu estado emocional: Éste es el factor más importante en el manejo de la energía. Si bien todos los factores influyen, tu estado emocional será el que más impacte en la energía que emanas, esa que alimenta la pasión. Claro que esto suena redundante porque, la pasión, el amor, la felicidad, son parte de tu estado emocional y ya mencionamos cómo estos estados positivos te llenan de energía. Para resumir y concluir, solo llévate contigo esta lección: *una de tus tareas más importantes para ser exitoso en redes de mercadeo es ser más feliz.*

P.S. al capítulo 5.

Dafne y Alberto, las dos personas con quienes me asocié a redes de mercadeo por primera vez, esos que me caían mal, hoy son mis mejores amigos y estaré eternamente agradecido con ellos pues el haberme invitado a ser parte de esta industria me cambió la vida. Nunca sabes quién decidirá ser parte de tu equipo y, a veces, quienes menos esperas pueden ser los que cambien su vida (y tu negocio) para siempre. Moraleja: *llama a todos los que conoces para invitarlos a tu negocio; es mejor que te digan que no a ti a que le digan que sí a alguien más.*

9. HUMILDAD

Tenía todo, sabía todo… o al menos eso pensaba. Cuando su nueva maestra le demostró que había un mundo entero fuera de su conocimiento y fuera de su alcance, alzó la cabeza con lágrimas en los ojos y suplicó: "Enséñame"

Dr. Strange (2016)

"Siempre hay más que aprender,
todos tienen algo que enseñarme."

Tú cuando tienes Humildad

¿Recuerdas que te hablé de un israelí de carácter fuerte que dio la primera presentación de redes de mercadeo que escuché en mi vida? Bueno, igual que en la canción de los elefantes que se columpiaban, como este israelí iracundo vio que resistía, fue a llamar a otro israelí: un ex militar acostumbrado a dar órdenes en lugar de consejos.

Cuando este segundo israelí llegó a México yo ya estaba asociado a la red y a él le tocaba ir a capacitarnos. Durante el entrenamiento yo –que siempre creía saberlo todo- cuestioné cada frase que el hombre dijo. Si él nos hablaba de hacer una lista con doscientos nombres, yo preguntaba ¿por qué doscientos, si con diez nombres podemos iniciar? Si él nos decía que debíamos creer ciegamente en lo que hacíamos yo replicaba algo así como "bueno, bueno, yo nunca creo ciegamente en nada".

Como podrás imaginar, los sabelotodo podemos sacar de quicio a cualquiera, pero un ex militar israelí, acostumbrado a que todos lo respondan "¡sí señor!" puede llegar a descolocarse más de lo normal. Cada vez que yo hacía un comentario, su piel se ponía más roja, su mandíbula se hacía más prominente y la vena de su cuello se inflaba como un largo globo azul que había de terminar siendo un perrito regalado por un payaso en una fiesta.

Después de dos horas de soportarnos mutuamente, este señor de nombre Yair (a quien hoy le tengo gran cariño), alzó su dedo en mi dirección y gritó una de las pocas palabras que conocía en español: -"¡Fuera!". -Yo, sorprendido, puse el dedo índice sobre mi pecho en señal de "¿me hablas a mí?". -"*Yes, you*, ¡FUERA!"- respondió.

Fue así como me corrieron de mi primer entrenamiento cual niño mal portado en la primaria y así también como aprendí una gran lección: en este negocio, a mí debía interesarme más ser educado que a ellos educarme. Dicho de otro modo, yo no le hacía el favor a nadie estando ahí, al contrario, ellos me hacían el favor a mí y más me valía aprovecharlo.

Yo estaba acostumbrado a ser ese que sabía todo aunque no tenía nada. Cualquier cosa que me dijeran, yo ya la conocía o tenía un mejor dato al respecto; pero en contraparte mi vida era amargada, tenía 15 kilos de sobrepeso y lo que ganaba no me alcanzaba para vivir. Esa versión de mí era muy orgullosa y estaba a punto de perder la oportunidad –que tenía por primera vez en mi vida- de aprender a ser exitoso por parte de gente que ya lo era.

En cualquier otro escenario me hubiera ido de ahí gritando con palabras no aptas para menores, para no volver jamás. Pero algo en mí dolía demasiado como para alejarme: estaba cansado de estar cansado, necesitaba un cambio y esa era mi oportunidad; no podía permitir que unos cuantos gritos de un desconocido truncaran la mejor opción de negocio que había tenido en años. Así que salí cabizbajo de aquel salón y esperé tras la puerta a que el entrenamiento concluyera. Cuando eso pasó me acerqué a Yair y le dije que sí quería hacerlo, que necesitaba tener éxito en la empresa y estaba dispuesto a escuchar. -"Muy bien" -me dijo- "éste es un negocio de educación y los mejores maestros deben ser los mejores alumnos".

Los mejores maestros deben ser los mejores alumnos...

¡Qué gran lección! Si lo vemos a fondo, los mayores ingresos no están en la venta de tu producto sino en la duplicación que genera tu sistema educativo. Tú puedes ser el mejor vendedor de tu empresa, pero nunca ganarás tanto como aquel que únicamente es bueno vendiendo y excelente enseñándole al resto cómo replicarlo. De hecho, si eres un excelente vendedor y tienes mil clientes, es muy probable que la gente no quiera asociarse contigo porque eres "demasiado bueno" y ellos no creen tener tus mismas capacidades. Pero si eres simplemente bueno en todo lo que haces y eres un excelente maestro que le enseña cómo ser suficientemente buenos a miles de personas, puedes generar una fortuna.

La verdadera clave en nuestro negocio no está en hacer muchas cosas complejas, sino en enseñarle a mucha gente a hacer pocas cosas simples. Lo voy a repetir, porque este es el principio máximo de nuestro negocio (y porque me encanta repetir en negritas las cosas que diría alzando la voz si estuviera dando un entrenamiento en vivo):

La verdadera clave en nuestro negocio no está en hacer muchas cosas complejas, sino en enseñarle a mucha gente a hacer pocas cosas simples.

Basado en este principio, pongamos unos ejemplos que quizás parezcan trabalenguas, pero eso no los hace menos ciertos:

Ser bueno vendiendo te dejará más dinero que ser el mejor vendiendo, siempre y cuando seas el mejor enseñando a otros a vender tan bien como tú.

Ser bueno invitando te dejará más dinero que ser el mejor invitando, siempre y cuando seas el mejor enseñando a otros a invitar tan bien como tú.

Ser bueno presentando te dejará más dinero... bueno, creo que no hacen falta más ejemplos, quedó claro el concepto. Lo más importante es ser un gran maestro de las habilidades que desarrollas bien (hablaremos más de ello en el atributo de la *paternidad*) y el primer paso para ser un gran maestro es ser un gran alumno, dispuesto a aprender siempre, sin límites, sin parar; sin importar quién sea el maestro en turno, todos los que den un entrenamiento o se paren en un escenario pueden aportarte algo aunque tengan menos rango que tú.

Debes tener la humildad de entender que nunca lo sabrás todo y que todo lo que aprendas te podrá servir.

De la misma forma, siempre tendrás que estar creciendo como persona y eso requerirá una gran dosis de *humildad* pues a todos nos gusta pensar que, a nivel personal, estamos completos. Quizás estamos abiertos a aprender más matemáticas o a tocar un nuevo instrumento, porque admitir que no tenemos desarrolladas esas habilidades no daña nuestro ego, pero admitir que tenemos mucho por crecer como persona es bastante más difícil. Sin embargo todos tenemos mucho que crecer como personas aunque no queramos verlo; es el área en la que más podemos crecer y también la que más puede impactar nuestro éxito.

Por eso verás que todas las grandes empresas tienen programas de desarrollo personal. Todos los grandes líderes insisten que inviertas más tiempo en tu crecimiento.

En mis seminarios siempre le sugiero a la gente (y ahora te lo sugiero a ti, si quieres experimentar el verdadero impacto del desarrollo personal) que tenga un presupuesto para crecer como persona y se asegure de gastarlo; les sugiero también que dediquen al menos 30 minutos todos los días a lecturas o audios que los empoderen y otros 30 minutos a trabajar en diferentes áreas en las que sientan que tienen mayor margen para crecer (así como te conté que yo cambié mi vida cuando empecé a trabajar mi lado físico, que era mi mayor debilidad). Este combo de lecturas/audios empoderadores y desarrollo de habilidades tiene un impacto positivo gigantesco en nuestro éxito y te explico por qué:

Nuestras emociones, esas a las que habitualmente llamamos nuestro "corazón", se alimentan de todo lo que pensamos y lo que percibimos en nuestro entorno (esposa, hijos, trabajo, país, etcétera). Lo complicado es que éste vulnerable y tan volátil corazón es el que provoca el 80% de nuestras acciones, aunque nosotros no nos demos cuenta.

Por poner un ejemplo: el que compra un reloj de $20,000USD lo hace porque dicho aparato lo hace sentir poderoso, importante. Quizá lo justifique diciendo que es algo para toda la vida, que esos relojes suben de precio o que es algo que podrá heredar a sus bisnietos; pero la realidad es que todas esas son explicaciones que la mente da para seguir adelante con la simple orden que dio el corazón: "¡Compra ese reloj que me hace sentir tan bien!".

Esa acción, a su vez, traerá ciertos resultados. Puede ser que la compra de ese reloj le suba la autoestima y haga que negocie mejor un trato que le cambie la vida. Puede ser que esos veinte mil dólares desaparecidos de su cuenta sean lo que derrame el vaso de paciencia de su esposa y la lleve a pedir el divorcio. Pueden pasar un sinfín de cosas a partir de la compra de ese reloj, no sabemos cuáles, pero algo sucederá, porque todas nuestras acciones generan resultados.

Ese resultado será parte de tu nuevo entorno y, por lo tanto, generará más emociones que a su vez provocarán nuevas acciones con nuevos resultados y así sucesivamente. Al final del día, el motor de todo lo que nos sucede termina siendo nuestro corazón, pero *nosotros tenemos la capacidad de controlarlo*, porque, como dijimos anteriormente, estas emociones no sólo controlan nuestros resultados, sino que también se alimentan de ellos, de nuestro entorno y de lo que pensamos.

Si aprendo a centrar mi mente en el agradecimiento, en la prosperidad, en lo positivo, mi mente estará alimentando emociones positivas. Si me siento en paz con el mundo, con la naturaleza, con Dios, con mi familia, mi sociedad o con cualquier otro elemento de mi entorno, éste alimentará también mis emociones positivas. Si crezco en áreas que me cuestan trabajo, estaré fomentando todas esas emociones positivas.

Yo, por ejemplo, cuando tenía 15 kilos de sobrepeso y no podía subir ni un piso por la escalera, me sentía decaído la mayor parte del día. Pero cuando logré bajar de peso y tener mejor condición, mejoró mi autoestima, que no es otra cosa más que cómo me siento conmigo mismo; y con esa autoestima vino una enorme mejora en todo lo demás que hacía.

En resumen: tu mente, tu cuerpo, tu entorno y todo lo que percibes va a influir directamente en tus emociones y éstas, a su vez, determinarán tus resultados. Si dedicas media hora al día a trabajar tu mente y media más a crecer en cualquier ámbito donde sientas carencias, estarás convirtiéndote, 30 minutos a la vez, en la versión de ti capaz de conquistar cualquier reto. Pero, claro, eso sólo puede ocurrir si tienes la *humildad* de ver hacia dentro y admitir que no somos perfectos, que tenemos mucho por crecer y que vale la pena hacerlo.

10. CONEXIÓN

Era 1971 y el mundo aprendía a integrar razas. En la ciudad de Alexandria, donde el fútbol americano lo era todo, él tenía que cumplir una misión imposible: ganar un campeonato dirigiendo el primer equipo mixto de blancos y negros. Lo que nadie sabía es que a él le importaban más sus jugadores que el campeonato, por eso podría ganarlo.

Duelo de Titanes (2000)

Te escucho, me importas. Por eso me escuchas y te importo
Tú cuando tienes Conexión

Si estuviéramos escalando una montaña, este atributo sería la cima. Conectar, querido lector, es la cualidad máxima que separa a los líderes de las redes de mercadeo de todos los demás líderes. Es, quizás, el atributo que más angustia genera y el más difícil de desarrollar para quienes no lo tenemos incorporado.

Jerry Seinfeld decía en uno de sus monólogos: "Un estudio demuestra que hablar en público es el miedo número uno de la persona promedio (…) el número dos ¡es la muerte! Eso significa que la persona promedio, si debe estar en un funeral, prefiere estar en el ataúd que dando el sermón". Aunque el chiste exagera la realidad, es un hecho que hablar con desconocidos, sobre el escenario o debajo de él, es algo que genera angustia a la mayoría de la población.

¿Quizás se deba a que nuestras madres nos repitieron cien veces al día la frase "nunca hables con extraños"? por supuesto que sí, a eso se debe. Incluso si eres del afortunado

0.01% de la población a quien su madre jamás le dijo estas palabras, nosotros como buenos mamíferos venimos con una programación preinstalada "anti-desconocidos". Todo lo que no conocíamos cuando éramos cavernícolas representaba un riesgo.

Si me comía una planta que jamás había visto, ésta podía estar envenenada, por eso siempre comíamos las mismas plantas. Si tomaba un camino que jamás tomé, éste podía cruzar por el desayunador de algún otro mamífero más grande, fuerte, hambriento y carnívoro. Todo lo que no conocía podía ser desastroso y en el orden de prioridades de nuestra mente, evitar el desastre ocupa la gloriosa primera posición.

Claro que hablar con desconocidos no te puede envenenar ni meter en la guarida de un puma, pero tal como lo explica el psicólogo Gary Marcus en su libro **Kluge**, nuestra mente no es tan inteligente como creemos y tiende a generalizar ideas, por lo tanto: conocido = seguro; desconocido = huye (sin mencionar que durante muchos siglos, antes de existir los sistemas legales de hoy, hablar con un desconocido y decir las palabras incorrectas efectivamente podía costarte la cabeza).

Lo importante en toda esta explicación es que:

a) El miedo a hablar con extraños o ante extraños es extremadamente común.

b) Dicho miedo no tiene ninguna justificación racional, es sólo un cableado antiguo de nuestro cerebro.

c) Cambiar ese cableado es indispensable para poder generar *conexión*, el atributo más característico de los líderes en nuestra profesión.

Quiero aclarar que al decir "el atributo más característico", no pretendo afirmar que la conexión es más importante que el resto de los atributos; no lo es. Sin *claridad* en mi visión, sin *certeza* o sin *determinación* no podría ser líder ni dentro ni fuera de esta industria. Sin *profesionalismo*, sin *intensidad*, sin *urgencia* sería difícil guiar a un equipo en cualquier entorno de negocio.

La conexión no es más o menos importante que el resto de los atributos, pero en este negocio en particular constituye un enorme diferencial con el resto de los líderes, pues nuestro trabajo depende de manera innegociable de nuestra capacidad para conectar con la gente. *Somos la profesión de la conexión*, por eso nos llamamos *red de mercadeo*, porque hacemos promoción de nuestros productos o servicios (o mercadeo) entre nuestra red de contactos. Y ¿qué es una red de contactos? (redoble de tambor) ¡toda la gente con la que hemos *conectado*! Piensa esto, para ser un gran *networker* necesitarás:

- Conectar con la gente de tu entorno y tu pasado para que deseen asistir a tus presentaciones.

- Conectar con desconocidos para que deseen ser parte de tu entorno.

- Conectar con los invitados de tus presentaciones para que deseen adquirir tus productos o servicios y/o hacer negocios contigo.

- Conectar con tu equipo para que confíen en ti.

- Conectar con el público cuando subas al escenario para que se sientan inspirados por ti y decidan tomar acción.

Como ves, en las redes de mercadeo la conexión no lo es todo, pero sin conexión no hay redes de mercadeo. Así que pasemos a las preguntas obligadas:

¿Qué es la conexión y cómo la genero?

La conexión es ese sentimiento de cercanía, de familiaridad que se genera entre las personas y otorga un estado de confianza. Dicho de forma más coloquial, es "caerle bien" a la gente.

¿Cómo conectar?

La regla más importante para conectar con alguien es hacerlo sentir bien. A todos nos gusta estar cerca de aquellos que nos hacen sentir importantes o queridos. De alguna manera tendemos a apreciar a todo aquel que nos aprecia y por lo tanto, si alguien me quiere, me cuida, me hace sentir bien, automáticamente se convertirá en alguien que "me cae bien".

Cuando una empresa me contrata para hablar de este tema, les advierto de antemano que necesitaremos ocho horas de trabajo, sin descanso ni cuartel para enseñarle a su gente a conectar.

Podríamos escribir un libro completo acerca de cómo caerle bien a la gente (de hecho existen varios), pero trataré de resumir de la manera más efectiva posible los elementos determinantes, esos que pueden hacer un cambio drástico en tu liderazgo:

1.- Sé genuino.

Si tratas de hacer sentir bien al otro, pero en el fondo no te importa su bienestar, tarde o temprano lo notará y causará el efecto opuesto al que esperas. No hay nada que ahuyente más a la gente que la hipocresía, por lo tanto deberás genuinamente preocuparte por el bien de todo aquel con quien quieras conectar.

Como bien lo dice John Maxwell, "A tu gente no le importa cuánto sabes, hasta que saben cuánto te importan". Yo recuerdo que cierta vez tuve la oportunidad de trabajar con uno de esos líderes carismáticos, fuertes, magnéticos. Todos querían estar cerca de él y eso permitió que su red creciera de cero a más de veinte mil personas en sólo un año; algo que nadie había logrado en su empresa (y nadie nunca volvió a lograr).

Se convirtió en la persona favorita de los dueños y los líderes que estaban arriba de su organización; parecía una de esas historias destinadas a ser épicas. Sin embargo, a este líder sólo le importaba una persona: él. Si alguien de su equipo no estaba de acuerdo con algo que él hacía, lo sacaba a insultos de las reuniones. Si tenía la oportunidad de ganar un poco más de dinero a costa de hacer algo indebido para el resto, lo hacía sin miramientos (y creo que ni siquiera se daba cuenta que hacía algo malo, porque todo lo que era bueno para él, a sus ojos era correcto).

Un año más tarde había perdido a todo su equipo. Si su historia fue la de crecimiento más rápido que el multinivel había visto; su caída lo había sido aún más. Cuando finalmente lo corrieron de la empresa por malas prácticas abrió otros negocios con mucho, *muchísimo* éxito fuera de las redes de mercadeo, porque allá afuera, en el mundo tradicional, ver únicamente por tu bienestar es bastante aceptado, pero en nuestro espacio, donde la conexión es tan importante, o te preocupas genuinamente por el resto o pronto te verás muy solo.

¿Alguna vez viste una red de una sola persona? ¡Claro que no! así que, a partir de hoy, si quieres tener éxito, deberás recordar que el bienestar de tu gente será el bienestar de tu negocio.

Este principio no aplica únicamente para la gente que ya forma parte de tu equipo, aplica para todas las personas que prospectes para tu negocio o a quienes pretendas vender producto. Si tu principal objetivo es sacarles la mayor cantidad de dinero posible (como ocurre en otras industrias), a la larga estarás generando más problemas que beneficios, porque aquí tus clientes no son *victorias de un día*, son socios y clientes que quedan ligados a ti de por vida y que influirán en el resto de tus socios y clientes.

Yo aprendí eso a la mala. Cuando iniciaba mi carrera y no la entendía bien, un miembro de mi equipo me presentó a una actriz y comediante que había sido mi ídolo de la infancia. Yo pensaba: "si esta mujer entra al negocio, me voy a hacer millonario", así que hice todo lo posible por convencerla de inscribirse. Ella no quería hacerlo, se notaba, pero le había encantado nuestro producto y quería consumirlo. Lo correcto habría sido venderle producto y permitir que fuera una feliz consumidora, ¡pero no! yo quería enrolarla y presumirle al mundo que ella era parte de mi equipo.

Cuatro horas después de darle todos los argumentos, responder todas sus objeciones y decir todo lo que ella quería escuchar (sí, pasaron cuatro horas, no exagero), me dijo: – "Ok, inscríbeme". En mi cabeza se lanzaban fuegos artificiales y papelitos de colores mientras todo el mundo –ese mundo de pequeñas criaturas que habitan en mi cabeza–gritaban "¡Sí! ¡Lo logramos! ¡VICTORIA!"…

Grave error. No volví a saber de ella. Si me hubiera preocupado su bienestar en lugar del mío, habría tenido una feliz consumidora que ¿quién sabe? podría algún día haber estado interesada en el negocio o mandarme al menos un par de referidos. Podría haber hecho una conexión con una mujer influyente que en el futuro me habría visto con buenos ojos y quizá me habría generado otra serie de oportunidades; o incluso, aun si todo eso no pasaba, simplemente habría tenido una amiga más y eso nunca sobra.

Pero mi ego y mi necesidad de ver primero por mí me llevaron a cometer el error de empujarla a hacer algo que no era bueno para ella y su reacción fue lógica: ¡no volvió a aparecerse! Tampoco volvió a responder el teléfono y, para empeorar las cosas, gracias a esta situación el chico que nos había presentado también abandonó el barco con todo su equipo.

Lección aprendida, espero que tú también la aprendas por mi experiencia y no tengas que vivirla en carne propia. Siempre es mejor aprender de los errores ajenos que de los propios: preocúpate genuinamente por el bienestar de tus socios, clientes y prospectos.

2.- Aprende a escuchar.

Todos tenemos oídos, pero no todos sabemos usarlos para generar confianza y conexión. La habilidad de escuchar sin duda es una de las que más ha marcado mi carrera, tanto de *networker* como de *coach,* porque me ha permitido entender lo que la otra persona espera de mí y servirles mejor. Lo curioso, es que esta habilidad no la aprendí en ninguno de estos ámbitos, sino muchas décadas antes, cuando era *Boy*

Scout[4].

Para los que no lo saben, todos los movimientos juveniles de este tipo son las mejores escuelas de liderazgo, pues requieren que sus dirigentes, todos ellos menores de veintiún años, dediquen grandes cantidades de tiempo y esfuerzo de manera voluntaria (otra forma de decir *gratuita*) a educar a otros jóvenes y niños de menor edad acerca de temas que resultan relevantes para su organización.

La organización a la que pertenecía yo se enfocaba en inculcar valores como la pluralidad y la igualdad y, créanme: convencer a cientos de niños y jóvenes para destinar un día de su semana a la educación en valores, en lugar de pasear por el centro comercial o enchufarse a una consola de video juegos como lo hacían la mayoría de sus amiguitos requería una cantidad extrema de liderazgo.

En cierta ocasión los líderes de mayor edad intentábamos erradicar el cigarro de la organización, pues uno de los valores que promovíamos era la salud alejada de los vicios y, sin embargo, varios jóvenes habían sido descubiertos fumando en un campamento. Las reglas que teníamos eran muy claras: si fumabas, estabas fuera.

Pero estos jóvenes eran valiosos para la organización y no queríamos perderlos. Tampoco podíamos hacernos "de la vista gorda", pues eso abriría la caja de Pandora para todos los que alguna vez quisieron fumar y no lo hicieron por respeto a nuestro reglamento; así que sólo teníamos una alternativa: convencer a los fumadores de abandonar su vicio. Si no lo conseguíamos debíamos correrlos de la organización.

Yo, que era el "director educativo" y me consideraba muy bueno para hablar, intenté hacer mi "magia". Los cité en un cuarto de la casa donde nos reuníamos cada semana y, a puertas cerradas, hablé... y hablé... y hablé. Mostré estadísticas del daño que hace el cigarro, apelé a su lado

---

[4] En realidad el movimiento al que yo pertenecía no eran los *Boy Scouts*, sino un movimiento juvenil con una estructura y valores muy similares que promovía, a través de juegos y dinámicas, valores para crear una sociedad más justa.

racional con argumentos irrefutables, pasé a dispararle a su lado emocional hablando de todo lo que podrían perder por un estúpido vicio que no les dejaba nada y, después de 3 horas de argumentos, demostraciones, apelaciones y un poquito de chantaje, salí de ese cuarto para contarle al resto de los líderes que "no logré *nada*".

Fracasé en mi intento por convencerlos, así que fui con el asesor que nos guiaba en temas de liderazgo, un sociólogo y pedagogo (además de ser el único mayor de veintiún años involucrado en el movimiento) y le conté lo sucedido. – "Y ¿por qué sientes que fracasaste, Jaime?" – preguntó. – "¡No lo sé! Les dije todo lo que se podría decir" – respondí. Me miró fijamente y bajando un poco el tono de su voz preguntó: – "Y ¿escuchaste todo lo que se podría escuchar?".

Hasta ese momento yo pensaba que, para convencer a alguien, ellos debían escucharme a mí. Para motivar a alguien, ellos debían escucharme a mí. Para vender algo, ellos debían escucharme a mí. Pero ahí aprendí que el resto del mundo no se mueve por lo que escuchen de mí, a menos que yo, antes, los haya escuchado a ellos, y toda mi conversación esté dirigida precisamente a eso que para ellos es importante.

Traslademos este concepto a nuestro negocio: cuando hablas con un prospecto de todas las bondades de tu empresa, en realidad estás hablando de todas las bondades que conectan con *tus* necesidades. Cuando hablas con un socio acerca de los motivos por los que no debería rendirse, en realidad estás hablando de los motivos por los que *tú* no te rendirías. En ambos casos, el centro de atención eres tú y eso no genera conexión.

Si, en cambio, escucharas las necesidades de tu prospecto o tu socio y buscaras la manera de hablar de los beneficios que tiene tu empresa para resolver esas necesidades, generarías conexión; caerías bien y harías que ellos *desearan* ser parte de tu equipo.

Te pongo algunos ejemplos de cosas que hago y han cambiado por completo mi conexión:

Con prospectos: Cada vez que doy una presentación de negocio me aseguro de llegar temprano y platicar con los invitados, conocerlos, preguntar cosas como a qué se dedican o cómo les va en el trabajo. Lo hago como una charla informal, sin que parezca un cuestionario. Escucho atentamente lo que me dicen y, cada vez que me responden una pregunta, yo hago un comentario muy breve y lo conecto con otra pregunta más. Repito esta simple fórmula hasta llegar a algo con lo que pueda conectar, por ejemplo:

Yo – Mucho gusto, cuéntame, tú ¿a qué te dedicas?

Ricardo – Soy ingeniero, trabajo en una empresa donde reparamos motores.

Yo – ¡Motores! Eso suena complicado... Y ¿qué tipo de motores reparan?

Ricardo – Pues de todo, especialmente de cosas chicas, ya sabes, licuadoras, aspiradoras... esas cosas.

Yo – Bueno, al menos es un trabajo variado, cada motor debe ser una experiencia diferente... Y ¿qué tal se paga ese servicio?

Ricardo – Hmmmmm, depende... Se puede ganar mucho si trabajas muchas horas.

Yo – Si, suena lógico... Bueno, creo que te va a encantar lo que vamos a hablar, *te va a permitir ganar sin tener que invertir muchas horas.*

Obviamente, ahora que sé lo que le duele (y, por lo tanto, lo que necesita) me aseguro de hablar acerca de ese tema durante la presentación.

En este ejemplo de Ricardo, explicaría cómo no se necesita mucho tiempo para ganar dinero en redes de mercadeo, siempre y cuando se siga un sistema y se haga bien. Ese tema conectaría a Ricardo con mi empresa mucho más que cualquier otra cosa y sería tonto hablar y hablar y hablar de otras cosas sin mencionarlo.

¿Ves? Hago la presentación, pongo videos, uso herramientas, sigo el sistema de mi empresa al pie de la letra, pero agrego un pequeño detalle: *escucho* las necesidades de los invitados y dedico un minuto a hablar de ese tema.

Si el evento es masivo, hago exactamente lo mismo que en las presentaciones pequeñas: escucho sus necesidades antes de iniciar y, al final del evento (donde yo no di la presentación), me acerco a mis invitados y les hablo de cómo conecta lo que vieron con las necesidades que en algún momento escuché que tienen.

Una pregunta que me encanta hacerles en estos eventos masivos es "¿qué te gustó?". Su respuesta, sumada a las cosas que me platicó antes de iniciar el evento, me ayuda a saber de qué vale la pena hablar. Si me dice que le encantó el plan de compensación, me voy a enfocar en todo lo relacionado con el dinero, porque evidentemente es lo que lo mueve. Si me enfoco en hablarle de cualquier otra cosa que para mí es importante, lo desenfocaré de las cosas que él necesita. Recuerda: mi único trabajo es conectar las necesidades de la gente con sus respectivas soluciones.

Y ¿qué sucede si mi empresa no ofrece solución para las necesidades de mi invitado? Entonces mi empresa no es para él. No puedo pretender que el mismo zapato le quede a todo mundo; eso lo descubrió el príncipe de la cenicienta hace siglos, ya deberíamos saberlo. Si nosotros tratamos de encajar a la fuerza nuestro zapato en el pie de quien no lo necesita, lo vamos a lastimar y a la larga nos va a odiar.

Debemos aprender que nuestra empresa no es para todos o al menos no lo es en esta etapa de su vida. Quizás hay gente que hoy no tiene la necesidad de un nuevo ingreso o un negocio sin jefes o ninguno de los beneficios que ofrecemos; pero la vida da vueltas y algún día pueden perder su empleo o simplemente buscar un ingreso adicional.

Como lo mencionamos cuando hablamos de *ser genuinos*: si trato de encajar a la fuerza mi negocio en la vida de una persona que hoy no lo necesita, el día que sí lo necesite no me va a tener en cuenta porque ya lo habré ahuyentado; pero si soy honesto y busco realmente el bienestar de mis invitados, el día que tengan una necesidad relacionada con lo que hago, me buscarán.

Con el equipo: Cuando paso tiempo con mi equipo trato de hablar lo menos posible del negocio. Es difícil, yo sé que ellos siempre tienen preguntas y debo responderlas, pero me encanta saber cómo está su vida, qué tal van sus hijos en la escuela, si pudieron pagar la deuda que tenían, si aún practican ese *hobbie* que les encanta. Trato de hacer muchas preguntas y procuro hacerlo de manera tan consistente y veloz que ellos no tengan mucho tiempo de preguntarme cosas a mí.

¿Por qué? Porque yo quiero escucharlos a ellos más de lo que ellos puedan escucharme a mí. En realidad todo lo que yo les pueda decir del negocio ya viene en algún audio o libro o video de la empresa; todo está sistematizado, pero lo que ellos puedan compartirme de su situación actual, sus miedos, sus sueños... eso no puedo encontrarlo en *Youtube* y es indispensable si quiero ayudarles a sacar el máximo de su potencial.

Es muy importante ejercer en estas conversaciones lo que se conoce como una "escucha activa" –término acuñado por el famoso psicólogo Carl Rogers– para describir ese estado en el que únicamente pensamos en lo que nos está diciendo la persona que tenemos en frente.

No pensamos en qué contestar, no pensamos en cómo nos afecta, no pensamos en el partido de fútbol de ayer, no pensamos en nuestros juicios. Únicamente prestamos total y absoluta atención a lo que nos están diciendo y tratamos de hacer breves comentarios y preguntas que le permitan a la otra persona profundizar en el tema.

Al principio puede ser difícil porque estamos acostumbrados a hablar más de lo que escuchamos pero, si logramos desarrollar con maestría la escucha activa, podremos impactar la vida de nuestro equipo mucho más de lo que habríamos imaginado.

Con el mundo: Cada vez que salgo a la calle procuro platicar al menos con cinco desconocidos. Uno nunca sabe quién está buscando el producto o la oportunidad de negocio que uno tiene para ofrecer. Estas pláticas funcionan exactamente igual que las que utilizo antes de iniciar mis presentaciones y sirven para que podamos hablar de lo que la otra persona desea, no de lo que yo quiera decir. Si recuerdas, la fórmula es muy simple:

Paso 1: Pregunta abierta

Paso 2: Comentario breve que enlace otra pregunta

Paso 3: Repetir

Te pongo un ejemplo:

Estás en el gimnasio y ves a un entrenador con una extraordinaria actitud. Una de esas personas que te encantaría tener en tu equipo. ¿Qué hacer para invitarlo a escuchar tu oportunidad? Anteriormente le hubiera dicho: "Hola, perdón la interrupción, sólo quería ver cuándo podemos sentarnos a tomar un café para que te platique sobre una oportunidad de negocio que creo te puede interesar..." y en el 99% de los casos el entrenador en cuestión me habría visto con ojos desconfiados para después alejarse lo más posible de mí.

Hoy haría algo un poco distinto, por ejemplo:

Yo –Hola, ¿qué tal? ...una pregunta: ¿cuál es la mejor clase para bajar de peso? (pregunta abierta).

Entrenador –La mía, por supuesto.

Yo –¡Me imaginé! Sí, parece que le echas más ganas que los demás (breve comentario)... Y ¿cómo hago para inscribirme contigo? (otra pregunta abierta).

Entrenador –Ah, muy fácil, sólo tienes que llenar un formulario y tomar una clase de prueba.

Yo –Genial, qué fácil. Y ¿cuántas clases das al día? (breve comentario más otra pregunta).

Entrenador –Uffff, muchas más de las que quisiera...

¡*Voilà*! Ahora sé lo que la otra persona necesita. Así que podría concluir preguntando algo así como: "Oye, pues veo que trabajas demasiado... si yo tuviera algo que pudiera ayudarte a ganar lo mismo trabajando menos, ¿te interesaría escuchar?". Está de más decir que escuchando así a la gente, mis probabilidades de conectar y ser escuchado son muy superiores a las que tenía antes, cuando únicamente me dedicaba a hablar.

Como ves en todos los ejemplos mencionados, *si escuchas te escucharán.*

3.- Genera "química".

Seguramente has estado junto a una de esas personas que te hacen sentir cómodo. No sabes por qué, pero puedes platicar muy a gusto con ellos y su presencia te hace sentir bien.

Esta "química", como habitualmente le llamamos, se denomina oficialmente *Rapport* y no es más que un estado en que dos personas entran en sintonía. A este estado de *Rapport* yo le llamaba el "efecto Necaxa" en honor –y burla– a un amigo muy aficionado al equipo de fútbol del mismo nombre, famoso en esos tiempos por tener muy pocos seguidores (se decía que una de las ventajas de irle al Necaxa era que, en lugar de que los aficionados se supieran los nombres de los jugadores, los jugadores se sabían los nombres de los aficionados).

Y eran tan, pero *tan* poquitos los fanáticos del equipo "Rayo" que, cada vez que se encontraban, se hacían mejores amigos ¡aunque nunca antes se hubieran visto!

Es lo mismo que ocurre cuando estás de vacaciones lejos de tu país y te encuentras a un compatriota: no importa si nunca antes lo viste, el simple hecho de ser igual a ti en un lugar extraño lo hace alguien con quien te sientes más cómodo y de alguna manera en confianza.

Como puedes ver en estos ejemplos, el *Rapport* se genera al encontrar *terrenos comunes* con la otra persona. Los terrenos comunes son todas esas cosas que compartes con el otro y generan "química" porque todo lo que nosotros hacemos nos cae bien. Yo me caigo bien y si tú te pareces a mí, seguramente me caerás bien también.

Basado en este principio, si descubro que a los dos nos gusta la música de Joaquín Sabina, procuraré hablar contigo de ese tema y no de la música clásica que a mí me gusta pero a ti te aburre (suponiendo que me gusten las dos cosas, porque tampoco se debe mentir sólo para caer bien).

Si hablas en un volumen bajo, intentaré hablar contigo en el mismo tono. Si tú no dices groserías, omitiré todas esas malas palabras que tanto me gusta usar para poner énfasis en cosas que no se podrían decir de otra forma (sí, lo admito, soy mal hablado).

Si voy a dar una conferencia ante un público de empresarios cincuentones bien trajeados, asistiré con mi mejor traje y mi corbata más gruesa. Si la conferencia será ante un puñado de *millenials*, seguramente me aparezca con unos jeans o unos pantalones *chino*, una camisa casual y unos audífonos colgados al cuello. Sé que exageré el estereotipo del *millenial*, pero lo importante es el concepto: todo lo que pueda parecerme o encontrar en común con mi interlocutor nos pondrá en una mejor sintonía y generará conexión.

Un atajo: buscando terrenos comunes, lo más fácil y rápido que puedes encontrar es utilizar la palabra que más ha escuchado la persona con la que hablas: su nombre. Llámale a alguien por su nombre y notarás que inmediatamente genera una conexión. Yo, por ejemplo, procuro decir al menos tres veces el nombre de la persona con la que interactúo, aunque dicha interacción dure sólo un minuto.

4.- Aprende a disfrutarlo.

No sabría cómo decirlo de una manera más discreta así es que lo diré de frente: yo *odiaba* interactuar con otros. Mi actividad favorita era ir al cine cuando estaban por quitar las películas de cartelera para asegurarme de que la sala estuviera vacía. Si había más que mi enorme bote de palomitas y yo, sentía que había demasiada gente para disfrutar la película.

Sin embargo, al entrar en esta industria, tuve que tomar la decisión de cambiar eso; mi negocio me obligó a esforzarme por pasar más tiempo con otros, a hablar con desconocidos y, en última instancia, a conectar con más personas. Si antes leía un libro en la peluquería, ahora tenía que platicar con los peluqueros. Si antes me dormía en los aviones, ahora sacaba conversación a mis compañeros de viaje... y las sobrecargos... y los pilotos... y los que traen las maletas.

Fue un proceso difícil para este aprendiz de *Grinch*[5], pero, sin duda, una de las habilidades que más ha impactado de manera positiva en mi vida. Una habilidad que únicamente puede convertirse en maestría cuando la disfrutas pues, si estás incómodo impides que se genere una genuina conexión.

En el momento que empiezas a disfrutar el conocer gente por el simple placer de conocerla o cuando encuentras satisfacción escuchando y ayudando a las personas, es entonces, sólo entonces cuando te conviertes en un verdadero *conector*. Me encantaría poder decir más al respecto para que este punto fuera más largo y consistente, pero ¿qué le vamos a hacer? Es así de simple: disfruta conectar y conectarás mejor.

---

[5] El Grinch es un personaje ficticio, creado por Theodor Seuss Geisel, quien odiaba la Navidad y, entre otras cosas, la compañía de las personas.

11. PATERNIDAD

Tanto trabajo duro únicamente le dejó -además de mucho dinero- tres hijos inútiles. Él los amaba y, si darles todo los hizo flojos, malagradecidos y soberbios, quitarles todo debería ser la solución.

Nosotros los Nobles (2013)

Mi equipo es lo más importante; su bienestar es mi prioridad

Tú cuando tienes Paternidad

Las redes de mercadeo son un modelo de negocio muy simple desarrollado por millones de personas muy complejas. Y no lo digo porque la gente de esta industria sea especialmente compleja, sino simplemente porque todos los seres humanos lo somos.

Cada uno tenemos nuestras necesidades, nuestros anhelos, nuestros miedos y reaccionamos de acuerdo a toda esa maraña de emociones que nos dominan. Eso es lo que hace tan desafiante y apasionante trabajar con personas: justo cuando crees que ya conoces todo lo que puede pasar te encuentras con otra persona diferente, con necesidades diferentes, que tira abajo esas fórmulas que según tú "funcionarían con todos". La única regla que jamás cambiará es ésta:

Cada persona es diferente, pero merece la misma atención.

Recuerdo que estaba estudiando el seminario para ser guía en el movimiento tipo *Scout* que te conté y una frase pronunciada por el guía que más admiraba se me quedó "tatuada" en la cabeza. Él decía: "todos los niños deben saber que él es quien más te importa". Parece una frase mal redactada, pero no, sólo así puede encerrar la gran verdad que pretende.

Todos y cada uno de los niños (en plural) deben saber (no creer, *saber*, porque es verdad) que él (en singular: *él*) es quien más te importa. Todos te importan muchísimo, todos te importan por igual y todos deben saber que están en ese grupo de gente por la que darías la vida.

Si eres padre o madre, este concepto te debe resultar familiar, pues es la manera en que reaccionamos de manera natural ante nuestros hijos: los tratamos diferente, porque son diferentes, pero todos y cada uno de ellos son lo más importante de nuestra vida, con lo que perfectamente podrías ver a cualquiera de ellos a los ojos y decirle "tú eres lo más importante en mi vida" sabiendo que estás diciendo la verdad.

Esa es precisamente la forma en que los líderes de multinivel tratan a sus equipos. Recuerdo que un extraordinario amigo, dueño de una gran empresa de recursos humanos llamado Jorge siempre me decía: "el multinivel es la mejor escuela para ser padre y ser padre es la mejor escuela de multinivel, porque en realidad los *downlines* y los hijos funcionan igual".

Y así es: si quieres trascender como líder en una empresa de multinivel tendrás que tratar a tu equipo como hijos, pero hijos que crecen muy rápido, en noventa días más o menos. Así que tendrás que llevarlos a ser unos buenos adultos, hombres y mujeres de bien, en este breve tiempo. Y ¿cuáles son tus responsabilidades paternales para lograrlo? *amarlos, educarlos* y *soltarlos*.

AMARLOS

Así como suena: ámalos, cuídalos, preocúpate genuinamente por su bienestar. Tal como la familia es lo más valioso que tienes en el mundo, tu equipo es lo más valioso que tienes en tu negocio. Son tu familia del negocio y debes protegerlos como tal.

Algunas veces tendrás que protegerlos del entorno, por ejemplo, si en tu empresa se usan una docena de sistemas diferentes, tú tendrás que elegir en el que más crees y bajar la información como si ese fuera el único sistema, para lo cual tendrás que promover únicamente los eventos donde se hable de ese sistema "único" y permitirás que sólo los líderes que utilizan ese sistema hablen con tu gente.

A esta selección de eventos y personas que pueden interactuar con tu equipo es a lo que se le llama una *zona de contención* y es importante porque limita de forma positiva los mensajes que recibe tu gente. Si sólo permites que hablen con tu equipo los líderes que dicen lo mismo que tú y educan en el mismo sistema que tú, estarás protegiendo a tu equipo de un entorno que los pueda confundir, que les genere dudas y la duda es el enemigo número uno de la *certeza* que, como ya vimos, es uno de los atributos más importantes para el éxito.

Con riesgo de ser repetitivo, déjame profundizar en el concepto de la *zona de contención* pues es fundamental para tu éxito: debes poner una especie de muro imaginario alrededor de tu equipo, o más bien de las mentes de tu equipo y eliminar todas las dudas de su cabeza (y de la tuya).

El día que quieras matar el gran proyecto de alguien, mete duda en su cabeza. Si tomaras a los dos novios más enamorados de la historia y lograras generar en uno de ellos la duda de que su pareja podría estarle siendo infiel, verías esa relación terminada antes de que termine el año (incluso si jugaras esa cruel broma el 29 de Diciembre). La duda hace que dejemos de darlo todo, nos distrae de nuestros objetivos, nos vuelve temerosos y el temor saca lo peor de nosotros.

Por eso, cuando hablamos de *cuidar* a tu equipo del entorno, nos referimos a no permitir que nadie les genere dudas acerca de su negocio. Por eso vas a notar que todos los grandes líderes tienen programas de desarrollo personal disponibles para su equipo. Recomiendan audios, videos, libros, eventos. Todas esas herramientas ahuyentan las dudas.

Yo, por ejemplo, dejé de ver noticieros, porque me di cuenta de que las noticias, siempre negativas, alimentaban las dudas en mi cabeza y me hacían una persona más pesimista, menos confiada en el futuro. Desde que dejé de ver noticieros soy más feliz y próspero y siempre le sugiero a la gente que haga lo mismo, eso también es parte de mi *zona de contención*.

Por lo mismo dejé de frecuentar amigos que se la pasan quejándose y, claro, ahora a mi equipo le recomiendo lo mismo; eso también es parte de mi *zona de contención*.

Y cuando surge dentro del equipo algún pesimista que trata de generar dudas en los demás, inmediatamente trato de hablar con él a solas y enseñarle la importancia de la certeza, para su propio bien y el del equipo. Esa es la tarjeta amarilla. Si después de eso insiste en hacer daño a sus compañeros a través de ese peligroso enemigo que es la *duda,* pues ya sabes: tarjeta roja. Y, claro, eso también es parte de mi *zona de contención*.

La *zona de contención* son todas las acciones que tomas para limitar las dudas, alimentar la certeza y cuidar a tu equipo del entorno.

Sin embargo, la gran mayoría de las veces no tendrás que proteger a tu equipo del entorno, sino de ellos mismos. Tal como sucede con los hijos, tu línea descendente querrá auto sabotearse continuamente y será tu obligación devolverlos al camino correcto.

Es como cuando tu adolescente retoño quiere fumar o salir con sus amigos y emborracharse hasta ver el amanecer o jugar 24 horas videojuegos sin cumplir con ninguna otra responsabilidad. Él está convencido de estar haciendo lo correcto, porque es lo que sus similares hacen; pero tú, con el dolor de tu corazón, debes hacer lo que sea necesario para que deje esos malos hábitos y ponga su vida en orden.

Aquí también te encontrarás con miembros del equipo "pseudo adolescentes" que querrán desafiar el sistema que todos siguen o decidirán dejar de ir a los eventos que con tanto esfuerzo hacemos todos para todos. Tendrás a los que decidan rendirse con sus sueños o a los que no crean más en ellos mismos o a los que dediquen todo su tiempo a estar en redes sociales pensando que eso hará crecer su negocio.

Tendrás cientos de situaciones diferentes donde notarás que se están auto saboteando y tu deber será ayudarles a recomponer el camino. A veces tendrás que motivarlos, a veces sólo necesitarán ser escuchados, a veces tendrás que recordarles por qué estamos haciendo lo que estamos haciendo y por qué es importante reconsiderar su postura; y a veces no tendrás más opción que señalarles aquello que están haciendo mal.

Cuando eso suceda, será importante que lo hagas con mucho amor o con un "sándwich estilo Mary Kay", como le llama en su libro *El estilo Mary Kay* la autora Mary Kay Ash (fundadora de la famosa empresa... bueno, ya sabes de cuál). Básicamente, este sándwich consiste en dar cualquier crítica dentro de dos grandes panes de elogios y reconocimiento. La crítica hablará de *qué* está mal, pero los elogios hablarán de *quién* está bien. De esa forma sólo el reconocimiento será personal y hará mucho más fácil que se asuma responsabilidad por aquello impersonal que se puede mejorar.

Imagina que tienes a alguien en tu equipo que deja de asistir a tu evento semanal. Si le llamas para decir: "tienes que estar ahí porque esa es la regla" seguramente perderás la batalla. Si, en cambio, pudieras comenzar por hablarle de lo importante que es para el grupo y cómo todos aman la forma en que ayuda al resto, y después, de manera muy breve le dijeras: "y, la verdad, es un error no asistir a los eventos..." para cerrar con mucho amor con: "...porque eres una de las personas con más talento que he visto y realmente creo que tienes el potencial de ser el número uno de la organización", seguramente al menos serás escuchado.

Como ves, el amor está presente de principio a fin, desde el momento en que te preocupas por su bienestar hasta la forma en que le ayudas a recomponer sus pasos, procurando que su autoestima siempre esté a la alza.

EDUCARLOS

Por supuesto que una parte elemental de ser un gran patrocinador es educar a tus asociados; después de todo, ellos se inscribieron contigo esperando que les enseñes cómo ser exitosos. Pero ten cuidado, pues tu prioridad no debe ser educarlos en *cómo hacer las cosas*, sino *en dónde conseguir la información que le enseñe a hacerlo.*

De hecho, toda la educación está migrando hacia esa tendencia, pues hoy en día internet provee toda la información del mundo y los buenos maestros sólo necesitan ser grandes guías que les muestren a sus alumnos el camino a la información. Si tu hijo sabe cómo encontrar la información en la red, tendrá siempre el conocimiento a la mano, ¿cierto? Por eso debes enseñarle a tu equipo dónde encontrar la información, dónde están las herramientas, dónde se revisan las estadísticas, *dónde, dónde, dónde.* Eso permitirá que sepan siempre qué hacer incluso cuando no estés.

Yo divido mi "programa" educativo en 4 etapas:

1. Etapa Informal. Desde el momento en que llamo por teléfono a una persona a quien le ofreceré asociarse conmigo, me aseguro de hacer todo exactamente igual como se lo quiero enseñar. De esa forma, si mi llamada es rápida, él aprenderá que las llamadas se deben hacer rápidas, sin importar lo que escuche después.

   Si mi presentación dura media hora, él aprenderá que esa es la duración correcta de las presentaciones y nada podrá hacerle cambiar de opinión por un simple y lógico motivo: si él decidió asociarse viendo esa presentación, seguramente es la misma con la que el resto de la gente querrá hacerlo. Este punto es especialmente importante para cuidar que no se enseñe lo que uno no quiere.

Si un día yo pienso "Ok, mi presentación debe utilizar videos, pero no los traje, así que no pasa nada si hoy no los uso" y precisamente ese día se asocia alguien, esa persona habrá iniciado su negocio con desventaja, pues habrá aprendido una mala práctica incluso antes de iniciar su negocio.

Debemos recordar que la gente está aprendiendo todo el tiempo y suelen absorber más lo que ven en nosotros que lo que escuchan de nosotros. Como veremos más adelante en el atributo de la *congruencia*, hacer siempre lo que esperamos de nuestro equipo es la primera instancia del aprendizaje y debemos estar siempre conscientes de ello.

2. Etapa de Arranque. Cada vez que alguien entra al equipo hay que proveerle con las herramientas básicas para alcanzar resultados rápidos. Yo entiendo que la gente de mi equipo en realidad aún no es de mi equipo hasta que suman sus primeras victorias.

Al principio toda persona que se inscribe conmigo está evaluando si la idea que compró es cierta; están cuestionando todo, están aún decidiendo si realmente van a hacer esto o no; son una especie de "turistas" del negocio, aún no son residentes.

Yo, que quiero ayudarlos a cumplir el sueño por el que entraron, tengo que facilitarles el salir de ese estado "turista" lo más rápido posible; por eso los capacito máximo 24 horas después de que se inscribieron y les enseño cómo iniciar su negocio con el pie derecho.

Básicamente vemos cómo conectar con su sueño, cómo hacer una lista de candidatos y cómo invitar a esos candidatos a escuchar acerca de su producto y su negocio, con miras a recuperar su inversión en los primeros 7 días.

Lo importante es que todo este entrenamiento procuro hacerlo con herramientas que le permitan a este nuevo asociado aprender a replicarlo de inmediato en caso de que fuera necesario. Lo más importante en este entrenamiento es *poner en acción* el nuevo negocio de mi asociado, así que no le explico cómo hacer las cosas (o no únicamente), sino que me siento y lo hago con él.

Juntos escribimos los primeros nombres de su lista, juntos hacemos la agenda de su primera semana y juntos hacemos las llamadas para convocar; así garantizo que haya acción en el nuevo negocio de mi asociado y todos sabemos que los resultados están en la acción.

Lo interesante es que, para mí, este entrenamiento no termina cuando le doy la información, sino cuando termina esa primera semana de acción donde él no sólo escuchó la teoría del negocio, sino que además me vio poniéndola en práctica.

Yo le ayudo a vender producto, le ayudo a hacer presentaciones y asociar a sus primeras personas, hago todo con él y lo llevo a todos lados conmigo con la única consigna de que vea bien todo lo que hago y tome nota con mentalidad de maestro, pensando que el día de mañana él tendrá que enseñarle todo eso a las decenas de personas que patrocine.

3. Etapa de conexión: Esta etapa dura aproximadamente noventa días. Durante este período de tiempo llamo todas las semanas a mi nuevo socio para planificar su semana y en este espacio me aseguro de que él se conecte con todo lo que mi equipo y empresa representan.

Si hay un evento, me aseguro de ponerlo en la planificación; si hay una llamada de liderazgo me aseguro también de que esté ahí, si mi empresa se especializa en control de peso me aseguro de que las actividades para perder *kilitos* estén presentes.

Básicamente, por tres meses, me aseguro, una vez a la semana, de que mi nuevo socio asista a la mayor cantidad de eventos, conozca la mayor cantidad de gente, conecte con la mayor cantidad de información posible, tenga presente todo lo que debe hacer y –aquí va un consejo de un millón de dólares– como hablo con él cada semana, doy oportunidad de que me haga muchas preguntas a las cuáles siempre contesto con la misma herramienta: *mi dedo índice.*

Así es, mi dedo índice les señala dónde encontrar la respuesta a su pregunta. Si me preguntan qué contiene un producto, mi dedo les señala el catálogo o la ficha técnica. Si me preguntan por qué no ha llegado su producto, mi índice les enseña el teléfono de atención a clientes. Si me preguntan cómo ser grandes líderes de redes de mercadeo, mi mano apunta hacia la página de internet donde pueden comprar el libro *Redes de liderazgo.*

Yo no doy respuestas, sólo señalo dónde se pueden encontrar y así hago independientes a mis socios para que puedan volar tan alto como ellos decidan.

4. Etapa de reconocimiento. En realidad, ésta no es una etapa, pues no inicia cuando terminan las anteriores. Ésta es más bien una *consciencia de reconocimiento,* con la cual educo a mi equipo desde el primer día que ingresa hasta el último de su carrera (o la mía) a través de una de las herramientas más poderosas de la historia de la educación: el aplauso.

A nosotros nos enseñaron así desde que éramos bebés: el primer día que fuimos al baño *en el baño* y no en un pañal nos aplaudieron y nos hicieron fiesta y fue así que nos dimos cuenta de que usar el escusado era lo correcto.

Has de saber que la gente puede trabajar por dinero, pero muere por el reconocimiento, incluso cuando no lo admitan. A todos nos encanta el *apapacho* público, la caricia al ego, la demostración de cuánto nos valoran;

así que yo me aseguro de tener programas de reconocimiento para todo lo que es importante que mi equipo aprenda.

¿Quiero que aprendan a vender? Tengo un programa que reconoce a los que más venden. ¿Quiero que trabajen en equipo? Tengo un premio para los que lo hacen.

Idealmente tu empresa debe tener muchos premios, bonos, *pines* y demás formas de reconocer a tu gente, en cuyo caso tu único trabajo será amplificar ese reconocimiento, pues no es lo mismo que tu patrocinado se gane un viaje y nadie se entere a que tu patrocinado se gane un viaje y salga una felicitación en todas las redes sociales, se cuente su historia con fotografías en el siguiente evento, se le felicite en la siguiente llamada de liderazgo y, por supuesto, tú le lleves de regalo unos *snorkels* para que pueda disfrutar ese bello arrecife maya al que están a punto de llevarlo.

En resumen, toda la vida procuro reconocerlos mucho, *mucho*, *muchísimo*; y durante los primeros noventa días me aseguro de que ingresen tomando el ejemplo correcto, se capaciten de inmediato para tener resultados rápidos y conecten con el equipo, las herramientas y las fuentes de la información para volverse independientes. Digamos que los paso desde el *kinder* hasta la maestría en tres meses y ahí, sólo ahí cumplo con mi tercera responsabilidad que es:

SOLTARLOS

Yo sé que mis patrocinados podrían depender toda la vida de mí. Para ellos sería mucho más fácil venir siempre a las presentaciones y entrenamientos que doy, pero lo fácil no siempre es lo mejor y en el mundo de los negocios casi nunca lo es.

Si yo permito que mis patrocinados sigan conectados a mis actividades diarias estaré sembrando en ellos una semilla de fracaso, los haré débiles. Piensa esto: si yo patrocino a *Sherezada* (porque si patrocino a "María" o a "Susana" mi ejemplo sería más aburrido) y ella necesita que yo esté presente en sus presentaciones y entrenamientos, pero yo tengo diez personas en mi equipo, a ella le correspondería únicamente el 10% de mi tiempo.

Si además pensamos que coincidimos en algunos de nuestros horarios disponibles, pero no en todos, ese número se reduce más aún. Si por ejemplo hay cuatro horas del día que ambos tenemos disponibles, eso es el 25% (Del 10% que tengo para ella). Así que, estadísticamente, en este ejemplo *Shere* (como yo le digo a mi patrocinada imaginaria) y yo podríamos trabajar el 2.5% del tiempo en crecer su negocio. ¡Eso son cuatro horas a la semana!

Si *Shere* se libera de mí y aprende a ser independiente podrá usar tanto tiempo como ella desee, tendrá el 100% de su tiempo para acomodarlo como mejor le beneficie a su negocio, y ¿quién tiene más posibilidades de ser exitoso en un negocio: alguien que tiene el 100% o alguien que tiene el 2.5% de su tiempo disponible?

Si yo no le ayudo a liberarse de mí, le estaré haciendo, sin querer, un daño. Es como cuando ayudas a un pollito a salir de su cascarón: tú crees que le estás haciendo un bien, pero cuando sale de su encierro sin haber desarrollado la fuerza necesaria para el mundo exterior, muere.

Cuando llegue el momento de soltar a tus polluelos, tendrás que sortear dos obstáculos: el primero ya lo mencionamos y es que ellos acepten independizarse. Yo procuro explicarles la importancia de hacerlo, pero a veces no lo quieren afrontar y en esos casos, tal como haría un gorrión con sus pequeños, tengo que darles una pequeña patada y lanzarlos del nido (en sentido figurado, claro está).

Cuando me piden que les ayude a dar una presentación que ya han visto demasiadas veces, les digo: "sí, con gusto, ahí estaré" y cinco minutos antes de la presentación les digo que me dio un dolor de cabeza terrible, que me perdonen, pero la tendrán que dar ellos, que yo ahí estaré para ayudar si algo sale mal, pero no puedo dar la presentación.

Esto lo aprendí de mis patrocinadores, quienes siempre te decían que llegarían a apoyarte, pero "casualmente" se les ponchaba la llanta diez minutos antes de la presentación pactada... – "¿Cuántas llantas se les pueden ponchar a estos tipos en un mes?" – me preguntaba yo; hasta que entendí que estaban, amablemente, dándonos a todos esa "patadita" fuera del nido.

Ahora bien, el segundo obstáculo que tendrás que sortear es que seas tú quien no pueda soltarlos a ellos. Quizá te digas: "no están listos" o "yo lo hago mejor que ellos" o cualquier otro sinónimo de "lo hago por su bien", pero recuerda: si haces las cosas por ellos los harás débiles, además de que perderán confianza en sí mismos porque te comprarán tus historias de que ellos no son suficientemente buenos y perderán la grandiosa oportunidad de esforzarse, romper sus límites y crecer, que es quizás uno de los mayores beneficios que tienen las redes de mercadeo.

Así que, siempre que vayas a "apoyar" a alguien de tu equipo, pregúntate: "¿puede hacer él esto que yo voy a hacer por él?" Si lo puede hacer, déjalo. Si se tropieza, que aprenda y se levante. Tú, mientras tanto, como un buen padre o madre, le das unos besitos en las heridas, le pones un curita, le explicas lo que puede mejorar y lo vuelves a lanzar al ruedo.

12. POSITIVISMO

*"En cada trabajo que debas hacer, hay algo de diversión.
Encuentras eso y –snap– el trabajo se vuelve un juego".
Quizás eran estas canciones divertidas, quizás el paraguas
volador o quizás simplemente sabía cómo hacer de todo una
experiencia positiva.*

Mary Poppins (1964)

Todo es perfecto
Tú cuando tienes Positivismo

Una de las cosas que más me llamaron la atención en esta profesión fue la cultura que existe de hablar siempre bien del prójimo, algo dramáticamente opuesto a lo que yo conocía en mis empleos del pasado. Hasta donde yo sabía, cuando estábamos cinco compañeros platicando y uno se iba, los otros cuatro pasábamos los siguientes minutos diciendo cosas como: "qué bueno que se fue, dice puras tonterías" o "¿viste lo mal que venía vestido?" o "el pobre diablo fue abandonado por su mujer y –dicen– que es porque no la satisface". Pero en este micro-mundo de las redes de mercadeo las cosas eran diferentes.

La primera vez que estuve cerca de líderes experimentados, una se fue antes que el resto y los demás empezaron a decir cosas como: "me encanta esta chica Julieta", "¿viste lo bien que habló en el escenario?" y "la verdad es alguien de quien hay que aprender". Yo, que estaba acostumbrado al mundo tradicional, lancé un clásico: "bueno, pero ¿viste esos zapatos?" esperando que me respondieran algo así como: "si, caray, ¡parecían de payaso!"; pero no, sólo conseguí que dos me vieran con cara de extrañeza y una dijera: "sí, están increíbles, sólo ella puede hacer que se vean tan *cool* unos zapatos tan arriesgados".

Con el tiempo aprendí que las tan importantes *claridad* y *certeza* de las que hablamos al inicio, se ven mermadas cuando uno permite que la negatividad entre en su mente. Mark Yarnell en su libro *Su primer año en network marketing* cuenta que su negocio cambió el día que dejó de ver las noticias, pues éstas sólo le llenaban la cabeza de pesimismo.

Yo decidí hacer lo mismo; dejé de ver noticias y mi vida cambió, pues éstas sólo alimentaban mis miedos e inseguridades. Por supuesto que cuando pasa algo importante me entero: supe que Donald Trump ganó la presidencia en Estados Unidos y que Inglaterra votó por el Brexit, pero el resto de las historias alarmistas que usan los noticieros para llenar espacios y llamar la atención de los morbosos no ocupan espacio en mi cabeza.

En su lugar he dedicado al menos media hora diaria desde hace diez años a alimentar mi mente con libros, videos y audios de autores como Jim Rohn, Darren Hardy o Tony Robbins y estos me han hecho recordar (y creer) que soy capaz de lograr todo lo que me proponga. Como podrás imaginar, esta actitud empoderada, llena de autoestima, permite lograr muchas más cosas que la mente pesimista con la que vive la gran mayoría de la población.

De hecho, cuando empecé a escribir mi primer libro *GPS – Guía Para la Suerte*, entrevisté a decenas de "suertudos" que empezaron su vida sin nada y terminaron siendo multimillonarios, con la esperanza de encontrar eso que tenían en común. Al principio creía que encontraría patrones en sus hábitos. Quizá manejarían igual su dinero o su tiempo. Quizá llevaban su negocio de forma parecida o tenían el mismo tipo de rituales matutinos... pero no. Lo único que tenían en común era una mente positiva, ganadora, que sabía que serían victoriosos incluso en los momentos en que todo les salía mal. Esa mente poderosamente positiva es el atributo que tienen los grandes líderes en las redes y se demuestra de varias formas (que puedes emular):

Siempre encuentran lo bueno del otro:

De alguna manera, estos grandes líderes siempre encuentran lo bueno en las otras personas y desconocen lo malo. Como conté, cuando alguien no está presente hablan bien de él y eso hace que el resto sepamos que hablaran bien de nosotros cuando no estemos.

Obviamente todos queremos estar cerca de la gente que hablará bien de nosotros. Estos raros especímenes del liderazgo son unos profesionales de la edificación; cada vez que presentan a dos individuos o suben al escenario a presentar al siguiente orador, lo hacen diciendo todo lo bueno que encuentran en esa persona –cosas que a veces ni siquiera ellos habían notado– y los empoderan.

Incluso si tratas de hablarles mal de un líder de otra empresa o alguien que les trató de hacer daño, encuentran la forma de centrarse en lo positivo. Jamás los vas a escuchar hablar mal de su competencia, ni de su suegra, ni del presidente, ni de nadie, a menos que sea alguien que quiera hacerle daño a su equipo y esa sea la única manera de protegerlo (porque sí, *paternidad* mata *positivismo*).

Siempre encuentran lo bueno en las circunstancias:

Una sola vez en la vida fui engañado por una de esas pirámides financieras que fingen ser multinivel; esas que, como ya explicamos, no tienen un producto y garantizan un retorno de inversión sin que tengas que hacer nada. Hoy sé que cualquier empresa que te garantice altos retornos de inversión sin hacer nada es un fraude que tarde o temprano dejará de pagar y hará perder su dinero al 98% de los incautos que confiaron en el proyecto.

Pero antes no lo sabía e invertí $25,000 dólares en una de esas empresas que prometían duplicar mi dinero en tan solo seis meses. Como imaginarás, querido lector, no soy tan suertudo así que no fui de ese afortunado 2% que recupera su dinero. Lo perdí todo y fue cuando escuché por primera vez la frase: "tu negocio perdió, tu ganaste mucho aprendizaje".

Estuve a punto de lanzarle un vaso a la cabeza al que lo dijo. Pero desde entonces sé que todos los grandes líderes buscan rescatar lo bueno de las situaciones. No se quejan, se responsabilizan; porque como dice mi amigo, el famoso autor de libros de abundancia, Randy Gage: "Puedes ser víctima o victorioso, pero nunca las dos".

Cuando te quejas, enfocas tu mente en lo negativo y pierdes poder; en cambio, cuando tomas responsabilidad de lo ocurrido y buscas lo positivo, refuerzas tu mente con el mejor mensaje que le puedes dar: "todo es bueno, pase lo que pase, no se puede perder".

Siempre agradecen:

La gratitud es la madre de las mentes positivas y, por lo tanto, de la felicidad. Como dice Tony Robbins: "No puedes estar agradecido y enojado a la vez; no puedes estar agradecido y triste a la vez". Agradece y los sentimientos que te generan infelicidad desaparecerán.

¿Suena descabellado? ¿Imposible que sea tan simple? Te pongo un ejemplo: en cierta ocasión le daba *coaching* a una mujer que quería dejar a su marido porque él era el culpable de que ella hubiera truncado su carrera; él era el que la mantenía en una vida aburrida y sin sentido y él también era quien ahora no la apoyaba en su nuevo emprendimiento de redes de mercadeo y la "causa" por la que ella no estaba avanzando.

Yo, que no soy psicólogo de parejas, le pedí dos favores: que antes de tomar una decisión fuera con un buen psicólogo de parejas y que todos los días escribiera en una libreta algo por lo que estuviera agradecida con su esposo. Ese algo debía ser diferente cada día. Me dijo que era imposible, que en dos días se le acabarían las cosas para agradecer, pues sólo le agradecía los dos hijos que habían tenido juntos. Le expliqué que no debían ser cosas majestuosas, podían ser pequeños detalles como estar agradecida porque es alguien que se preocupa por arreglarse o por tener buenos hábitos en las mañanas o porque su loción huele bien. Lo que sea, siempre que agradeciera por los siguientes treinta días, antes de nuestra siguiente sesión.

Cuando volvió a los treinta días, me contó el resultado de lo que había ocurrido: primero había decidido no hacer lo del agradecimiento, porque sabía que no tenía sentido; pero había intentado lo del psicólogo de parejas. Se lo propuso a su esposo y éste le dijo que estaba loca, que él no iba a pagarle a un desconocido por escuchar sus chismes.

Como el plan A no funcionó, decidió darle una oportunidad al plan B: el agradecimiento. Los primeros días fueron fáciles y sin resultado, pues como ella lo había vaticinado, lo primero para agradecer eran sus hijos. Al quinto día tuvo que empezar a buscar cosas para agradecer: lo bien que cocinaba la carne, los amigos que le había presentado, los recuerdos de aquel viaje al sur argentino, inclusive que él hubiera aceptado rasurarse los pelos de la nariz dese que estaba con ella, porque sabía que la molestaban.

Al décimo quinto día ella empezó a ser más cariñosa con él y, en respuesta, él con ella. El día 25 (cinco antes de volvernos a encontrar) él se acercó a decirle que quizás el tema de la terapia de pareja no era mala idea y ahora, al cumplirse el mes de esta propuesta, habían ya programado su primera cita con el terapeuta y estaban decididos a darle una nueva oportunidad a su matrimonio.

Como dije, yo no me especializo en ayudar parejas, pero sé que el agradecimiento tiene un poder infinito en nuestra mente y que, incluso si esta cliente se hubiera separado, lo habría hecho en mucho mejores términos; desde el amor y no desde el odio. Como ves, la otra persona puede ser exactamente la misma, pero el resultado, opuesto cuando partes desde el agradecimiento.

En tu negocio te enfrentarás a este dilema casi todos los días: cuando tengas un *downline* rebelde, puedes enojarte o agradecerle por desafiar tus capacidades. Cuando el producto no llegue, podrás rendirte o agradecer la oportunidad de encontrar a tus verdaderos líderes. Cuando tu patrocinador haga algo con lo que no estás de acuerdo, podrás alimentar tu ira o agradecer que sea por él que tú encontraste la oportunidad que cambiará tu vida.

Ni tu *downline*, ni tu empresa, ni tu *upline* tienen que cambiar para que tú tengas mejores resultados. Eres tú el que tiene que valorar las cosas buenas y dejar tu mente preparada para afrontar el día a día de tu negocio.

13. CONGRUENCIA

Luchó 27 años por conseguir la igualdad de raza en su país. Cuando finalmente lo consiguió y fue nombrado presidente, su gente cercana quiso oprimir a esos que alguna vez fueron los opresores. Fue entonces cuando Madiba mostró su verdadero carácter al defender los derechos de los blancos, pues él buscaba la igualdad, no la supremacía.

Invictus (2009)

Digo lo que pienso y hago lo que digo, siempre
Tú cuando tienes Congruencia

Cuando inicié mi carrera en redes de mercadeo me enseñaron que debía asistir todas las semanas a un evento que servía para dar seguimiento a los prospectos indecisos. Todos los jueves nos reuníamos en un salón los socios con nuestros invitados que ya habían visto la presentación de negocio pero aún no tomaban una decisión y durante dos horas profundizábamos en la información relevante de nuestros productos y nuestro negocio.

Ese evento era importante por muchos motivos: primero que nada era el único día de la semana donde todos los miembros del equipo nos encontrábamos y eso permitía que reforzáramos nuestra amistad y formáramos una escuadra más unida. Por otro lado, si había alguien que no era muy bueno presentando, al menos sabía que tenía este espacio para que todos le ayudáramos a cerrar sus ventas y afiliaciones.

Hasta el día de hoy, hacer este evento semanal es parte de mi ritual de éxito. Cada vez que formo un nuevo equipo lo construyo alrededor del evento semanal. Pero, como era de esperar, en los inicios de mi carrera no entendía la importancia que este espacio tenía para el desarrollo de mi negocio; sólo asistía porque era lo que me habían dicho mis patrocinadores. Al cabo de tres meses tenía un evento semanal al que asistían ciento cincuenta personas de mi equipo y cada semana el número de socios aumentaba sin parar.

Entonces alguna fuerza divina puso en mi camino una prueba: se estrenó el *Episodio I* de *La guerra de las galaxias*, una serie cinematográfica que me apasionó de niño y de la que soy fan hasta el día de hoy. Para aquellos que no son seguidores de *La guerra de las galaxias,* les cuento que éste fue un suceso importantísimo. George Lucas, el creador de la famosa saga espacial, había lanzado sus tres famosas películas entre finales de los 70's y principios de los 80's y habían sido el fenómeno más impactante de la cultura pop entre los niños y jóvenes.

Algo así como el *Harry Potter* de su época pero multiplicado por diez, pues tenía mucho menos competencia en cartelera que el joven mago. Las películas de *La guerra de las galaxias* (o *Star Wars*) desataron un furor nunca antes visto y los niños que fuimos impactados por los personajes de George Lucas vivimos sumergidos en sus historias por años: comprábamos cientos de muñequitos de *Star Wars*, nos disfrazábamos de personajes de *Star Wars*, decorábamos nuestro pastel de cumpleaños como nave de *Star Wars* y jugábamos en cada recreo a ser *Luke Skywalker* o la *Princesa Leia* (con la excepción de un amigo que siempre quería ser el malvado *Darth Vader*, lo cual siempre me hizo pensar que no era alguien de confianza).

La guerra de las galaxias había sido mi mayor refugio en la vida; había visto esas tres películas al menos cuarenta veces y treinta años después de su primer estreno estaban por lanzar una cuarta película (que, en realidad, sería llamada *Episodio I*, pues relataba lo que había sucedido antes de la trilogía original).

El estreno de esta nueva entrega espacial sería nada más y nada menos que un jueves, el día que teníamos nuestro evento semanal. Tenía que elegir entre ir a la premier de la precuela de las películas que habían alimentado mi imaginación o a un evento que sería idéntico a todos los demás eventos semanales del equipo. ¿Qué podía hacer? Obviamente me enfundé en mi chaleco de *Han Solo* y fui a llenar mi cuerpecito de palomitas de maíz y buena fantasía. Lo curioso –y es el mensaje que les quiero compartir– es que el jueves siguiente ¡faltó al evento el 80% de mi equipo!

Resulta que mi equipo, al igual que yo, sabíamos que los jueves eran sagrados para la construcción de nuestra red y faltar simplemente no era una opción. No era una opción hasta que yo les demostré que sí lo era y lo pagué caro. Sin querer abrí la caja de Pandora. Me costó meses volver a tener un evento con ciento cincuenta personas, no porque el equipo no creciera, sino porque cada semana faltaban muchos.

Tuve que hablar una y otra y *otra* vez, en cada capacitación, de la importancia de asistir sin falta al evento semanal y asistir a todos, sin importar las circunstancias, para demostrar que realmente yo estaba dispuesto a pagar el mismo precio que solicitaba de ellos.

Cierta vez fui a trabajar con mi equipo de Singapur y le pedí a un socio y amigo que me guardara un lugar hasta adelante en el siguiente evento de jueves en México. En la silla que me correspondía pusieron una computadora conmigo conectado al otro lado del mundo.

En Singapur eran las 5:00AM y yo estaba ahí saludando a todos con los ojos rojos, pero con la camisa, saco y corbata bien planchaditos (y pantalón de pijama que nadie veía, claro está). Aparentemente era un chiste –así lo tomó la gente– pero detrás de esa gracia había un mensaje muy poderoso: "a este evento no puedes faltar ni siquiera estando en Singapur".

La realidad es que la *congruencia* es el atributo que separa a los líderes más grandes de todos los demás, al menos a largo plazo. Uno puede iniciar su carrera muy bien, con un crecimiento rápido y explosivo, diciéndole a la gente que haga cosas que él no está dispuesto a hacer, pero tarde o temprano el equipo se da cuenta de que está jalando la carreta más rápido que su líder y eso genera que le pierdan el respeto.

Está de más decir que un líder sin el respeto de su equipo, no es un líder. En cualquier otro negocio tú puedes ser el jefe y darles órdenes a tus empleados, quienes seguramente sabrán más de su especialidad que tú. Cuando yo trabajaba en una aerolínea, los pilotos sabían más de aviación que el dueño de la empresa, los ingenieros sabían cómo reparar un avión mejor que el director general y todos trabajábamos más que los jefes cuando ellos nos lo ordenaban, pero en nuestro modelo de negocio las reglas son diferentes.

Aquí nadie es jefe ni empleado; todos somos socios, dueños de nuestro propio negocio y a través del liderazgo pretendemos ayudarle a la gente a que sea lo más próspera posible. Si lo conseguimos, en retribución nosotros ganamos un pedacito de cada persona a la que le ayudamos directa o indirectamente.

Pero eso no cambia el hecho de que cada persona de mi equipo es un empresario independiente y tiene toda la facultad del mundo de ignorar mis sugerencias y hacer lo que se le antoje. Por eso la habilidad mejor pagada en las redes de mercadeo es el liderazgo, pues éste te permite influir en las personas y llevarlas por el camino correcto por su propio deseo y no por un sueldo o una orden.

Si a esto le sumamos que, en nuestro modelo de negocio, no hay especialistas sino un gran grupo de gente haciendo cosas muy simples (y yo soy uno más de ese gran grupo), comprenderás que la *congruencia* se vuelve algo indispensable para conservar el tan necesario liderazgo del que estamos hablando. Este atributo es innegociable si quieres tener éxito a largo plazo: si quieres mover un gran grupo de empresarios independientes, necesitas gran liderazgo. Si quieres gran liderazgo necesitas *congruencia total*.

Cuando estudié liderazgo en el grupo tipo *Boy Scouts* que te conté, aprendí un concepto maravilloso llamado *Ajarai*. Significa "detrás de mí" y es el grito de guerra de los comandantes en el ejército de Israel. Yo soy pacifista de "hueso colorado" y odio la guerra en todas sus formas, pero como ejemplo de liderazgo, éste me parece un caso que hay que rescatar.

El ejército del joven estado de Israel se hizo rápidamente famoso, entre otras cosas, porque los sargentos y capitanes van al frente del pelotón, no atrás como acostumbraban hacer la mayoría de los ejércitos. En el momento de la verdad, cuando había que salir a pelear, el jefe del grupo era el primero en correr a la batalla gritando: "¡detrás de mí!" <<*Ajarai*>>, poniendo el ejemplo e inspirando al resto de sus compañeros.

Nosotros en las redes de mercadeo dependemos de ese modelo de liderazgo para que nuestro equipo se inspire a seguir el camino que los llevará al éxito. Nuestro ejemplo personal es nuestra ~~mejor~~ única arma.

Antes de que te agobies pensando que eso significa que debes ser perfecto, déjame aclarar que no es así; nadie es perfecto. Pero, si quieres alcanzar los grandes rangos, deberás ser *ejemplar*. Tu negocio requiere que hagas unas pocas acciones simples, de manera constante y profesional, nada más. No tienes que aprenderte el manual de Carreño, ni cursar el doctorado en física nuclear, ni ser el "Brad Pitt" de los *networkers*.

Ni siquiera necesitas ser el mejor *networker*, te repito: sólo necesitas llevar a cabo unas pocas acciones simples, de manera constante y profesional. Si lo haces, serás el ejemplo a seguir aunque estés lejos de ser el líder ideal. No podría decirte exactamente cuáles son esas pocas acciones, pues dependerán del sistema que sigan en tu empresa; pero te puedo compartir las pocas acciones simples que realizo yo de manera consistente y profesional, lo cual me da la autoridad moral de pedirlo a mi equipo:

- Todas las mañanas leo algo que refuerce mi actitud positiva.
- Todos los días consumo mi producto.

- Todos los días le cuento al menos a una persona acerca de mis productos y/o mi oportunidad de negocio.
- Todos los días hago llamadas de prospección y/o seguimiento.
- Todas las semanas asisto a mi evento de equipo.
- Siempre que asocio a alguien lo capacito en menos de 48 horas.
- Utilizo todas las herramientas que promuevo en mi sistema exactamente como pretendo que las use mi equipo (aunque a veces sé que mi resultado inmediato podría ser mejor sin ellas, entiendo que a largo plazo lo importante no es ser más efectivo, sino más duplicable).
- Soy positivo; no permito que me hablen de chismes, ni quejas, ni pensamientos derrotistas; no veo noticieros, sólo dejo que entren en mi mente cosas buenas que me empoderen.
- Asisto a todos los eventos de la empresa y me ofrezco a ayudar.
- Soy buen compañero de equipo y trato a todos con respeto y cariño aunque no sean parte de mi red.

Nada más. Pueden preguntarle a mi esposa o a mis amigos, ¡estoy muy lejos de ser perfecto! Tengo muchos más defectos de los que me atreveré alguna vez a contar en mis libros. Pero tengo unas pocas reglas y rutinas que cumplo al pie de la letra y eso me permite ser bueno en las redes de mercadeo. Yo sé que no todo mi equipo imitará el 100% de lo que hago, pero si el 20% de ellos lo hace, es suficiente para construir un imperio.

Si estás pensando: "bueno, entonces puedo hacer el 80% de las cosas que promuevo y mi equipo me seguirá de manera proporcional: en lugar del 20% que emulan a Jaime, me seguirán el 14 o 15%", desafortunadamente no funciona así. Si tú haces el 80% de lo que promulgas, lograrás que te siga un número más redondo: ¡el *cero* por ciento! Si haces el

98% de las cosas que pides a tu gente, te seguirá exactamente el mismo número: *cero*. Porque ese pequeño porcentaje de veces que no hagas lo que promueves perderás el total de tu credibilidad.

Necesitas hacer todo lo que pides de tu equipo y sólo así conseguirás que un porcentaje de ellos se vea inspirado a seguir tus pasos. ¿Es injusto? ¡Claro! Y que la pizza engorde, también. Nosotros no hacemos las reglas, sólo aprendemos a jugarlas.

Pero no te desanimes, tú no necesitas que todo tu equipo sea ejemplar como tú. Basta con que un pequeño puñado de ellos lo sea para que cada uno de ellos consiga un pequeño puñado que a su vez consiga otro pequeño puñado y formen un enorme ejército de pequeños puñados de guerreros ejemplares, promoviendo esos valores que sembraste bien desde el primer día y desde tu propia trinchera.

14. RESPONSABILIDAD

Era débil, pequeño, tierno... daba incluso lástima. Pero le habían asignado una misión y ni su pequeño tamaño, ni la enormidad de su objetivo serían un motivo para desistir. Haría lo que hubiera que hacer para destruir el anillo.

El Señor de los anillos (2001)

Todo lo que ocurre en mi negocio –lo bueno y lo malo– es por mí.

Yo soy la causa de mis resultados y por eso puedo cambiarlos

Tú cuando tienes Responsabilidad

Tomaba yo un curso de comunicación efectiva muy distinto a lo que suele enseñarse en los programas tradicionales. Básicamente fueron 2 días reforzando una sola idea: "cuando comuniques, debes reforzar una sola idea".

Yo, hoy en día, doy muchos cursos de comunicación efectiva y el principio es muy simple: lo que más importa es el mensaje central que quieres que se lleve tu público. No importa cuánto tiempo hables, no importa cuántos temas abarques, siempre debes asegurarte de que tu público se quede con una idea central. Una de las mejores maneras de lograrlo es empezar y terminar con esa idea central; de esta forma entra al inicio en la mente de tu público, cuando aún está fresca y resuena al final siendo lo último que se queda.

Te cuento esto para confesarte que, si bien todos los atributos son importantes, a mi me gustaría que te quedes con *uno* en especial. Si recuerdas, en la primera página de este libro establecimos un principio fundamental: "si tú y yo estamos en el mismo equipo y usamos el mismo sistema, las mismas herramientas, los mismos guiones (y ahora leímos el mismo libro), pero tú ganas miles de dólares y yo no gano ni un centavo... ¿cuál es la única diferencia entre tú y yo? ¡Exacto! La única diferencia entre tú y yo, *somos tú y yo*. No es el sistema, ni las herramientas, sino la persona que las aplica. Entender y llevar a la práctica esto es a lo que le llamamos *responsabilidad*.

¿Por qué es tan importante para mí que te quedes con este concepto por encima de todos los demás? Porque si lo asimilas, si decides tomar responsabilidad sobre tu negocio y tu vida, buscarás la manera de aplicar todos los demás atributos para mejorar. Si, en cambio, no tomas responsabilidad de tu negocio, verás todas estas páginas como ejemplos de cosas que le pueden pasar a otros, pero no a ti. Ideas que otros deberían aplicar, pero no tú. Esfuerzos y sacrificios que otros deberán hacer, pero claro, otros... otros... ¡otros!

Quiero que entiendas algo: tú eres un resultado de las decisiones que tomaste en tu pasado y tu *yo del futuro* será un resultado de las decisiones que tomes hoy. Si no supieras esto que te acabo de decir, en veinte años podrías justificarte con la legendaria y más antigua excusa en la historia de la humanidad: "no sabía". Pero tú ya lo sabes, porque estás aquí. Eso no aplica sólo a tu negocio, sino a todo en tu vida.

Como lo escribió James Allen: "El hombre no atrae lo que quiere, sino lo que es". La persona en la que te conviertas será la que tenga lo que le corresponda, así que debes pensar muy bien en quién te quieres convertir.

¿Qué te falta para convertirte en el rango más alto de tu empresa? ¿Conocimiento? ¡Apréndelo! ¿Habilidad? ¡Desarróllala! ¿Contactos? ¡Adquiérelos! ¿Suerte?...

Déjame decirte lo que es la "suerte" en realidad. La suerte es ese punto en el que converge una oportunidad con tu capacidad de aprovecharla.

Todos los días se libera un puesto importante en una empresa, pero eso para ti no es suerte, porque no conoces al dueño de esa empresa o no tienes las habilidades para tomarlo. Pero si las tuvieras pensarías "qué suertudo soy, que justo a mi amigo Roberto se le fue su director general y yo tengo las habilidades para ser un director general en su empresa".

Lo mismo pasará con tu negocio de redes de mercadeo. Cuando entre en tu red alguien que alguna vez fue *Diamante* en otra empresa y traiga una red de miles de personas, la gente pensará de ti "¡qué suerte que tuvo!". Sucede que la "suerte" de la que ellos hablan se refiere a que has conocido a tanta gente, que uno de ellos era este *Diamante*; has mantenido tan cerca a tus contactos y tan bien tu imagen, que pensó en ti cuando buscó una nueva empresa; has desarrollado tanto tus habilidades, que el día que te sentaste a presentarle tu negocio, lo maravillaste.

Ese momento en el que tu amigo, que trae una red gigante, se cruzó con tu habilidad para que firme contigo, *eso,* mi querido amigo, es *la suerte.*

Todos los días se cruzan oportunidades maravillosas frente a ti, pero sólo podrás ver aquellas para las que estás preparado. Por eso, mientras más tiempo dediques a tu desarrollo, más oportunidades aparecerán delante de tus ojos como si fuera magia; como si el universo te las mandara. ¡Pero no! No será "el Universo que conspira a tu favor". Serás tú, que estás viendo ese mundo que siempre estuvo a tu alrededor, pero antes era invisible a tus inexpertos ojos.

Si entiendes esta pequeña verdad, si entiendes que tienes el poder de aprender, adquirir y desarrollar todo lo que necesites para alcanzar el éxito, entonces tomarás el verdadero control de tu negocio y lo llevarás al destino que tú elijas.

Yo siempre digo que la diferencia entre los líderes y los seguidores está en dónde voltean a buscar soluciones cuando las cosas se complican. Los seguidores voltean hacia arriba, hacia su papá, su jefe, su maestro para preguntar "¿qué hago?" Los líderes hacen la misma pregunta, pero viendo hacia abajo, hacia su propio corazón.

Espero sinceramente que tomes la *responsabilidad* de aplicar esta información en su totalidad, desarrollando así los atributos que te falten. Si sientes que alguno se te dificulta demasiado, júntate con personas que ya lo dominen y complementen el liderazgo de tu equipo. Mientras desarrollas esos atributos, aprovecha al máximo aquellos que ya tienes y conviértete así en el líder que se merece todo lo que deseas.

POR ÚLTIMO...

Las redes de mercadeo son un negocio que puede cambiar millones de vidas. Yo experimenté en carne propia la bendición que puede ser esta industria para aquellos que estén dispuestos a desarrollar su liderazgo.

Ésta valorada habilidad a su vez te traerá crecimiento en todo lo demás que hagas y lo mejor de todo es que no tienes que buscar afuera las herramientas para desarrollarlo, sino que aquí mismo te enseñarán como hacerlo; créeme, somos la mejor escuela de liderazgo del mundo. Siempre he dicho que, si quieres desarrollar el liderazgo de un niño, mételo a los *boy scouts*, si quieres desarrollar el de un adulto, mételo a las redes de mercadeo.

Esto es particularmente relevante si entiendes todo lo que el liderazgo puede traer a tu vida. En cierta ocasión el doctor Rodrigo Mardones, famoso cirujano y uno de los grandes empresarios de su país, nos decía: "mi carrera y mis negocios son exitosos porque apliqué en ellos las habilidades que me enseñaron las redes de mercadeo". He capacitado en liderazgo a cientos de personas que, por algún motivo, han decidido abandonar las redes de mercadeo, pero que, al aplicar estos principios en sus otros negocios los han llevado a niveles de éxito que jamás hubieran imaginado.

Lo que te quiero decir es que las redes de mercadeo pueden cambiar tu vida, pero también el liderazgo por sí mismo mejorará todo lo que hagas y ahora que tienes en tu poder la información para mejorar ambas cosas, sería una lástima que no decidas ponerla en práctica de inmediato.

Por si eso fuera poco, estoy convencido que juntos podemos cambiar al mundo. Es decir, el liderazgo genuino (ese que contiene estos 14 atributos y por consiguiente busca el bienestar de todos los miembros de su grupo) puede cambiar al mundo y nosotros podemos ser parte de ese cambio si compartimos esta información con la mayor cantidad de gente posible. Es por eso que quiero hacerte un regalo y "en caso que decidas aceptarla" asignarte una misión:

El regalo: Si entras a:

www.jaimelokier.com/redesdeliderazgo,

encontrarás una guía para crear grupos de estudio con tu equipo y un video que te explicará cómo utilizar este libro para enseñarle a tu equipo el estilo de liderazgo que podría llevar su negocio y su vida al siguiente nivel.

Créeme, si leíste estas páginas, podrás mejorar tu negocio; pero si lo utilizas para crear los grupos de estudio que te voy a compartir en mi página, los resultados pueden ser exponenciales.

La misión: "Si decides aceptarla", regálale una copia de este libro a la gente que se inscriba contigo de la manera correcta. ¿Qué quiere decir "de la manera correcta"? Aceptando ser parte de todo lo necesario para ser exitoso.

Yo, por ejemplo, le pido a las personas que quieren ser parte de mi equipo que entren comprando al menos un producto de cada uno de los que se venden en su país, que compren un boleto para el próximo gran evento y que se aparten catorce horas de su primera semana para que iniciemos su negocio con fuerza. Si alguien hace estas tres cosas, yo sé que está dispuesto a correr, a aprender y a dejarse guiar.

Claro que no pido esas tres cosas por capricho. El producto es para que pueda tener muestras de todo lo que pretende vender, de lo contrario perdería muchos clientes. El boleto al siguiente evento es crucial para que se comprometa desde el primer día a asistir, pues todos los líderes en este negocio sabemos que los grandes eventos son los que anclan la certeza en el corazón de la gente y, como dijimos desde los primeros capítulos de este libro, la certeza es indispensable para el éxito. Las catorce horas -dos al día- durante su primera semana, son las que nos permitirán capacitarlo y hacer sus primeras presentaciones para conseguir sus primeros resultados.

Si termina la primera semana con producto vendido y socios nuevos en su red, su nivel de emoción crecerá dramáticamente y con ella también su energía, lo cual hará mucho más probable su éxito.

Tú deberás definir cuáles son los requisitos que quieras pedir a la gente que se inscriba contigo, dependiendo del sistema que te enseñaron en tu empresa; pero sean los que sean, esos que estén dispuestos a invertir su tiempo y su dinero desde el primer día en su negocio serán en los que tú también querrás invertir todos tus recursos.

Esa es la gente a la que te pido que le regales una copia de este libro, pues son los que realmente le sacarán jugo. Es una muy pequeña inversión que puede hacer una enorme diferencia en su carrera, pues todo el mundo sabe que iniciar con la información correcta siempre es mejor. Ellos te lo agradecerán cuando sus resultados sean mayores; tú te lo agradecerás cuando eso aumente tu cheque; yo te lo agradeceré porque juntos, desarrollando un gran líder a la vez, le devolveremos a la industria de las redes de ~~mercadeo~~ liderazgo el nombre que se merece: la profesión más noble y justa de la Nueva Economía.

Made in the USA
Las Vegas, NV
22 March 2024

87612020R00076